找到工作、競爭與階級翻轉的答案

漫畫資本論

マンガでわかる資本論

的場昭弘——監修 YURIGAOKA・SideRanch——繪 蔡昭儀——譯

五代雄子的創業之路！

「資本並不是物，而是一種以物為中介的，
資本論
人與人之間的社會關係。」
——《資本論》
資本指的是生產「錢」的錢。
何謂「資本」？→ P66
這是關於一個創業者在物品和人際關係的糾葛中，逐步壯大公司並擴大資本的故事——
噠噠
噠噠
噠噠噠……
morpho
OPEN
噠噠噠噠噠噠噠
啊啊——真是的！怎麼車也車不完啊！
五代雄子（26）
服飾品牌
「morpho」
負責人
哈哈哈……真的耶！
妳還敢笑！

唉唷，像這種狀況，我也只能笑了呀！
哈
哈
哈
左右田翔子（25）
服飾品牌
「morpho」
設計師
妳還敢說，還不是因為妳設計圖延遲的關係！
垂——頭…
真的很抱歉！
別說了，趕快動手要緊！
今天一定要把這件衣服完成！
呃，那今天不就得加班了！
morpho
OPE
這時的 morpho 還是
獨立手工業的階段→ P34

嗯……
終於順利完成了！
唉呀……
總算是趕上了呢！
真是的……
妳還好意思說，最後一班電車不是快趕不上了嗎？
呃，真的耶！
那我就先下班了喔！
急急忙忙
您今天辛苦了
總是毛毛躁躁的……
接下來——
還有一些收尾的工作要處理……

嗯……
這樣算起來的話，這個月我又沒有薪水了……
嘆
倒
唉…
事情怎麼會變成這樣呢……
Wind City

真是糟透了……結婚前被男方臨陣脫逃，
我連工作也辭掉了……
妳看男人的眼光有問題啊！
本鄉翠（26）服飾品牌「uni noir」員工
喂──你們「uni noir」有沒有在徵人呢？
就算要徵人，妳現在有孕在身，我看也很難來上班吧？
說得也是……

既然這樣，我們要不要一起創立一個服飾品牌呢？
為什麼啊？妳不是已經有工作了嗎？
我已經辭掉工作了啦……
啊哈哈！
什麼？妳居然還笑得出來!?
竊笑…
唉唷，好主意嘛！
妳們兩個都會做衣服啊！
小翠妳就只會出一張嘴!?

嚇醒！
糟糕……我睡著了？
啊──好累啊……
起身
啪……
我應該要好好躺下來睡的……
不過，做自己喜歡的事，還是很充實的。
而且啊，果然──

看到客人開心的表情……
是最幸福的事了！
當物品的價值獲得認可，物品就變成了商品→ P42
非常感謝您光臨——
OPEN
拍臉！
好——
今天也要好好努力！
哦！

監修者序

這是一個經營者逐漸擴大資本的故事

「馬克思的《資本論》，一定很艱深吧……」你是不是也這麼想呢？滿臉落腮鬍的馬克斯先生，看起來一副高不可攀的樣子，他寫的書，你是不是覺得實在提不起興趣？這本書就是為了這樣的讀者而誕生的。不，我認為這樣的讀者才更應該讀一讀《資本論》。

不過，大家每天忙著工作，哪裡還有多餘的時間，頂著精疲力盡的頭腦讀這麼難的書。沒錯！所以我們用「漫畫」的形式，輔以淺顯易懂的內容為大家解說《資本論》的精髓。

我們思考該如何用漫畫將《資本論》第1卷的內容呈現出來，由於有部分的內容，即使用漫畫來說明，還是很艱深，於是我們決定用說故事的方式，透過兩位女主角製作服飾的心路歷程，來為大家介紹《資本論》。

身兼「勞動者」與「經營者」的兩難

書中，兩位女主角（五代雄子與左右田翔子）正在趕工設計、縫製，努力完成一件衣服。她們兩個人獨自經營 morpho這間小小的服飾公司。公司裡的一切設備都是自己的東西，規模非常小。她們既是勞動者，也是經營者，不論大小事都必須親力親為，經常忙得不可開交。

某天，其中一人（五代）覺得自己應該要把心力放在經營上，不要再動手做衣服。而另一個人（左右田）就成為她旗下聘僱的員工，也就是勞動者。如此一來，公司雖小，就有一個經營者和一個勞動者了。社會上有很多像這樣的公司。

不久之後，因為分工的關係，這間公司的規模越來越大。公司要發展，就必須提升利益，也就是利潤。經營者開始試圖壓低勞動者的工資，藉此提升公司的利益。她首先能想到的方法，就是延長工時。然而，工時也不可能無限制的延長，於是，她轉而加強勞動力來提升利益。為此，她需要引進最新的機械設備，而這也代表她需要雇用更多員工。

成為經營者的五代，一心只想提升利益，竭力經營公司。然而，在不知不覺間，她忘了自己也曾是一位縫製衣服的勞動者。如今在她眼裡，只剩下公司的利益，也就是必須想辦法擴大公司資本。過去身為勞動者時，那種創造的喜悅，以及製作優質產品的滿足感，早已蕩然無存。

只追求利益的公司，最後的結局是？

這時，五代的孩子登場了，而孩子的成長，正象徵著時間的流逝。隨著時光推進，五代的公司不斷發展壯大。然而，當孩子請五代為校慶設計衣服時，她才驚覺，自己早已無法親手設計、也不會縫製衣服，成為一個只顧著追求利益的人了。這時她才意識到，那個曾經會因生產、製作而感到喜悅的小公司早已消失，取而代之的，是一間只為追求利益的公司。

另一位主角——專注在服裝設計上的左右田，她依然懷抱著「做出優質服裝」的目標來生活。不疾不徐，專心創作，雖然賺的錢不多，卻有著堅定的人生方向。

這個故事，是以獨立生產者逐漸轉變為資本家的心路歷程，作為模型。從這個模型中，我們可以了解資本主義的發展過程。資本主義究竟是怎麼來的呢？最初，勞動者身兼經營者，擁有自己的生產手段，但隨著時間推移，這兩者逐漸分離，最終分化為「不擁有生產手段的勞動者」與「擁有生產手段的資本家」。

資本家透過僱用勞動者，使企業轉變為以獲取利潤為目的，並不斷擴大規模。因此，他們會壓榨勞動者，延長其工時或引進機械來增加利益。馬克思將前者稱為「絕對剩餘價值」，後者則為「相對剩餘價值」。隨著生產模式從協作、分工，逐漸發展成機械化工業，資本會越來越大。

另一方面，勞動者的生活則越來越辛苦。原本從容的勞動，變成在企業監控下的勞動。工時被延長，勞動者之間的競爭也加劇。熟練的技術不再受到重視，取而代之的是單純而重複的勞動，工資水平也因此不斷下降。

資本主義的發展與勞動樣貌的變化

資本主義的利益，來自於勞動者的勞動。資本之所以增加，本質上是因為勞動者原本應得的報酬，未被全額支付的緣故。資本家的目的，就是要透過驅使勞動者工作來獲取利益，因此，勞動條件變得嚴苛也就不足為奇了。

這樣的工業勞動者並不是一開始就存在的，過去，他們都是從事農業的自耕農。務農賺不到錢，他們才被迫來到都市。為了在都市生存，他們只能出賣自己的勞動力，靠勞動力來維持生計。

這些勞動者與擁有精湛技藝的工匠截然不同——他們幾乎不具備任何技術。然而，工業革命帶來各種機械的發明，使得高度的技術能力不再必要，這才讓他們得以受雇於工廠。在這種情況下，年輕且體力充沛的勞動者受到青睞，而擁有技術的勞動者反而變得不受歡迎。隨著生產方式的演變，對勞動者體力的需求也逐漸降低，企業開始轉而雇用女性與兒童，結果就導致工資不斷下滑。

《資本論》從多個角度剖析資本主義社會，而這部漫畫則聚焦於討論獨立生產者逐漸分化為「資本家」與「勞動者」的問題。此外，我們也將探討過程中，資本是如何形成的、商品具備哪些特性，以及價值與價格之間的區別。

如果這本書讓你對《資本論》產生興趣，你也可以試著挑戰原典。

神奈川大學教授
的場昭弘

Kapital

01

馬克思是？ 1

是哲學家也是革命家

從哲學角度探討「人」與「物」

《資本論》的作者卡爾・馬克思，1818年生於普魯士王國（即現在的德國）的特里爾。他的父親亨利希是一名律師，原為猶太教徒，後來改信新教。

青年時期的馬克思，大學時熱衷於黑格爾哲學。 哲學家黑格爾在十九世紀初提出「辯證法」，認為歷史是經由對立概念的衝突而發展，例如王公貴族與革命家之間的對立。另一個對馬克思產生重大影響的，是費爾巴哈所提倡的「人本主義唯物論」。西方哲學長期以神為中心來認識世界，而唯物論則是否定宗教，強調以物質與人本解釋世界。**馬克思受此啟發，進一步提出將世界視為人與物相互連結的網絡，並認為人與人、人與物之間的「關係」決定了人或物之價值的哲學。**

馬克思非常關注當時社會的貧富懸殊、支配者與民眾之間的衝突問題，並於1842年開始參與《萊茵報》的撰稿。正是在這個時期，他認識了畢生的盟友——弗里德里希・恩格斯。

【共產主義】

社會不平等的原因之一，就是貧富差距。共產主義主張「財產共有」思想。第一步就是工廠設備等生產手段的共有化。馬克思在《共產黨宣言》中呼籲：「各地的勞動者們，團結起來吧！」

【巴枯寧派】

馬克思以工業發達的英國為考量，主張勞動者要組織化，並以共產主義者最終將掌控整個國家為目標。另一方面，在尚未發展大規模工業的俄國或義

馬克思的簡歷

歲	年	事件
0歲	1818	出生於特里爾
17	1835	波昂大學入學
18	1836	轉學到柏林大學
22	1841	柏林大學畢業
24	1842	擔任《萊茵報》主筆
29	1847	成立共產主義者同盟
29	1848	發表《共產黨宣言》
31	1849	移居英國
46	1864	參與國際工人協會
48	1867	出版《資本論》第1卷
54	1872	國際工人協會分裂
64	1883	逝世於倫敦

與各國的革命家結盟

1843年，馬克思移居法國巴黎，正式投入社會革命運動，參與成立「共產主義者同盟」，並執筆撰寫綱領《共產黨宣言》。1848年2月，法國爆發二月革命，歐洲各地也陸續發起革命運動，但大多遭到鎮壓而以失敗告終。

之後馬克思落腳英國倫敦，研究國內外經濟學並結交各國革命家。**1864年在倫敦參與國際工人協會（第一國際）的組織成立。**然而，主張中央由勞動者組織的馬克思，與來自俄羅斯、提倡地方分權的巴枯寧，雙方激烈對立，最終導致組織分裂。

大利，勞動者普遍支持無中心組織的地方分權主義，各自在地區或職場進行自治。該派領導者巴枯寧雖與馬克思對立，但仍對馬克思的經濟學素養有高度評價。

"「各地的勞動者們，團結起來吧！」
——《共產黨宣言》"

所謂人與物的關係，到底是什麼呢？

Kapital

02

馬克思是？②

身為經濟學家的一面

為了拯救勞動者的困境而研究經濟學

馬克思在《萊茵報》活動的時期，就對商品生產與工商業發展的過程格外關注。**他在1844年執筆的《經濟學·哲學手稿》中，犀利分析資本主義社會剝削勞動者的弊端。**

馬克思為什麼如此重視這個經濟問題呢？早在馬克斯出生前的十八世紀中葉，歐洲已經進入工業革命時代。紡紗機、紡織機、蒸汽機、鐵路、電報機等相繼問世，商品可以大量生產，產業資本主義日益擴張。這使得歐洲許多國家從事工商業的市民階級（資產階級）逐漸提升政治力量，取代王公貴族。

另一方面，比現代黑心企業更為殘酷的重勞動現象也普遍蔓延。大型工廠或煤礦勞動者的居住環境簡陋骯髒，為了賺低廉的工資，每日勞動長達16小時，連未滿十五歲的孩子也是如此。對此，馬克思心生疑問：「為什麼事情會變成這個樣子？」為了解開這個疑問，他投入經濟學的研究。

【古典經濟學派】

馬克思在《經濟學批判》中，將英國的亞當斯密、李嘉圖，以及法國的薩伊等前輩經濟學者的研究，稱為「古典經濟學派」。其中的代表人物亞當斯密，在1776年發表的《國富論》中，肯定了分工如何提升生產力，以及自由貿易如何使國家富庶。然而在他過世後，隨著工業革命全面展開，工商業急速發展的背後卻是對勞動者的種種剝削。

工業革命時期年表

1764年間	珍妮紡紗機問世
1769年	瓦特蒸汽機問世
1789年	法國大革命爆發，波旁王朝垮台
1802年	英國制定《工廠法》
1804年	拿破崙在法國稱帝
1807年	富爾敦發明蒸汽船
1814年	拿破崙王朝垮台，波旁王朝復辟
1824年	英國工會合法化
1830年	鐵路在英國全面普及
1840年	鴉片戰爭／歐美大舉侵略亞洲
1848年	法國二月革命／歐洲各國連鎖反應
1858年	英國完全殖民印度

分析先進國家——英國的狀況

1849年，馬克思發表了他在德意志工人協會演講的手稿《僱傭勞動與資本》。**同年，他在移居英國後，全心投入經濟學研究。**當時的英國是歐洲工商業最發達的國家，近代產業資本主義的問題也最顯著。

他在1859年出版的《經濟學批判》中，引述古典經濟學派的研究成果，闡述商品價值與貨幣、勞動的意義；1865年又出版他於國際工人協會中央委員會的演講原稿《工資、價格與利潤》，闡述勞動者的工資與商品的價格，還有身為資本家的雇主所獲得的利益如何產生。

【勞動者的待遇】

在馬克思生活的時代，保護勞動者的法律並不完善。英國到了1802年才制定了限制兒童與女性勞動的《工廠法》。法國在1848年時，規定一天的勞動時間以12小時為上限。直到進入二十世紀，才確立一天勞動8小時的制度。

"「這本書是爲那些想學習新知，並且願意獨立思考的讀者所寫。」

——《資本論》"

Kapital 03

馬克思是？③

《資本論》的發表與後續發展

馬克思留下尚未完成的《資本論》

馬克思雖然在耶拿大學取得哲學博士學位，但因為被視為是危險的革命家，使其求職屢屢碰壁，沒有穩定的工作，生活上幾乎都靠摯友恩格斯的接濟。即便如此，他仍每天前往倫敦的大英圖書館，持續鑽研經濟學與勞動問題。

1867年，《資本論》第1卷正式出版。這本書雖已達到完整的程度，但馬克思仍不斷修改原稿，並構思新的內容。然而，長年不健康的生活導致他的肝病惡化，雖然他持續在各地的溫泉療養，最終仍不敵病魔，於1883年逝世。

後來，恩格斯對馬克思遺留的大量筆記進行整理，並於1885年出版《資本論》第2卷，1894年出版第3卷。第2卷不再探討生產過程，而是闡述市場上的資本流通；第3卷則探討資本家獲取的利潤、金融資產的利息，以及地主收取的租金等問題。即便是批判共產主義的人，也無法忽視《資本論》對經濟的深刻分析。

【恩格斯】
弗里德里希・恩格斯（1820～1895），生於富裕的紡織業者之家，是馬克思的盟友。馬克思去世後，他不僅對其遺留的原稿進行整理、補充，亦著有《社會主義從空想到科學的發展》、《家庭、私有制和國家的起源》等書。

【蘇聯與中國】
蘇聯在共產黨一黨獨裁統治下，藉由將基幹產業國有化、農業集體經營等手段，試圖建構共產主義

現今社會與《資本論》問世的時代並無二致

在馬克思的晚年，產業資本主義在各國迅速擴張，大國為了尋求海外市場與資源，頻繁發動戰爭。繼承馬克思思想的人們對此提出批判。**1917年俄國爆發革命，共產主義政權——蘇維埃聯邦（蘇聯）隨之成立。**1929年，經濟大蕭條從美國蔓延至全球，世界各國的經濟陷入嚴重危機。各國政府於是開始推行「修正資本主義」，透過公共事業創造就業機會，並加強社會福利政策以救濟勞動者。某種程度上，許多國家都吸取了馬克思所倡導的社會變革思想。

第二次世界大戰後，中國、越南等新的共產主義國家相繼成立，但由於長期經濟停滯，蘇聯的共產黨政權最終於1991年垮台。蘇聯的崩潰促使推崇自由市場競爭的新自由主義迅速擴張。然而，在弱肉強食的自由競爭之下，以低廉工資壓榨勞動者的黑心企業層出不窮。企業為了壓低人事成本，大量雇用派遣或計時人員。在全球化經濟的浪潮中，許多先進國家的大企業依賴海外低廉的勞動力來大量生產商品。當今的資本主義經濟結構，與馬克思當年在《資本論》中所分析的情況如出一轍。

> 「我在這裡所說的，都與你們息息相關。」
> ——《資本論》

社會。但在二戰後的冷戰時期，因經濟停滯導致難以平息的民怨。

另一方面，中國在維持共產黨一黨獨裁的同時，導入自由競爭的市場經濟。然而，馬克思所設想的共產主義社會，並非一黨獨裁，而是以「國家消失」為最終目標。

漫畫資本論

目次

第2章 資本主義的結構與勞動者——公司的成長與工作的變化

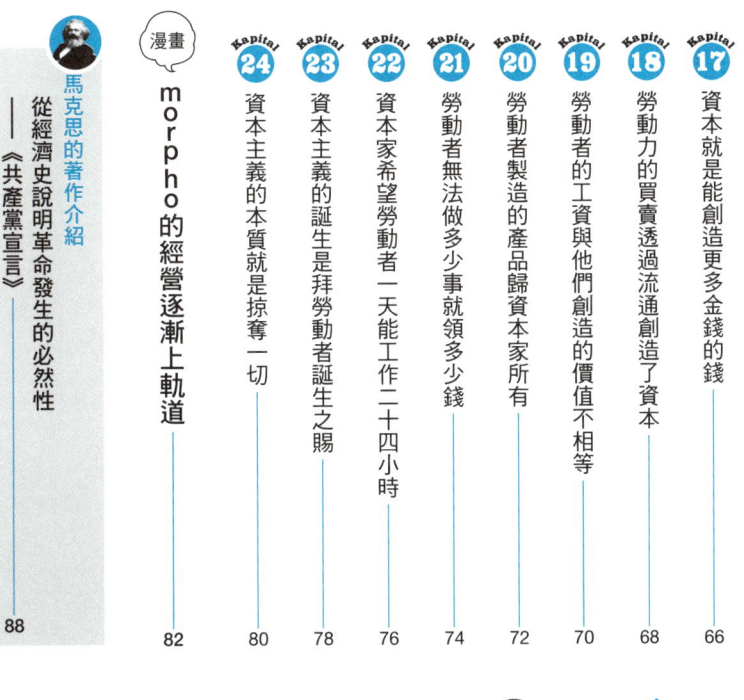

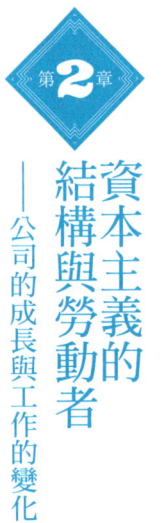

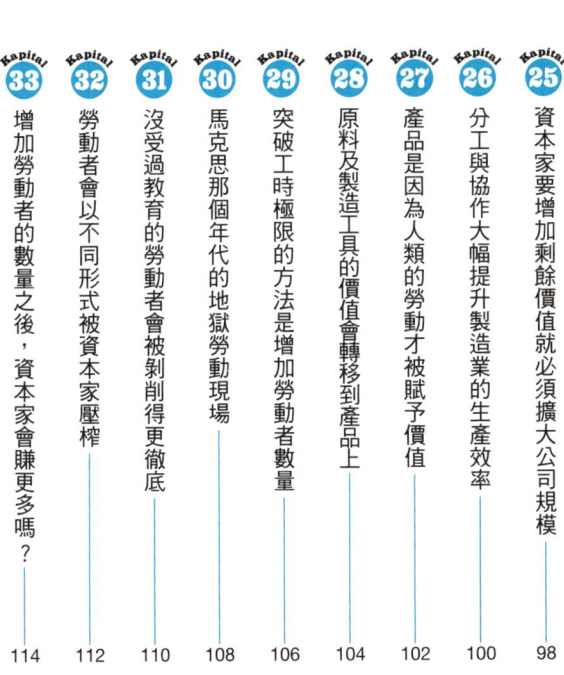

第3章 停不下來的資本主義與它的未來

——五代雄子到底為了什麼而創業？

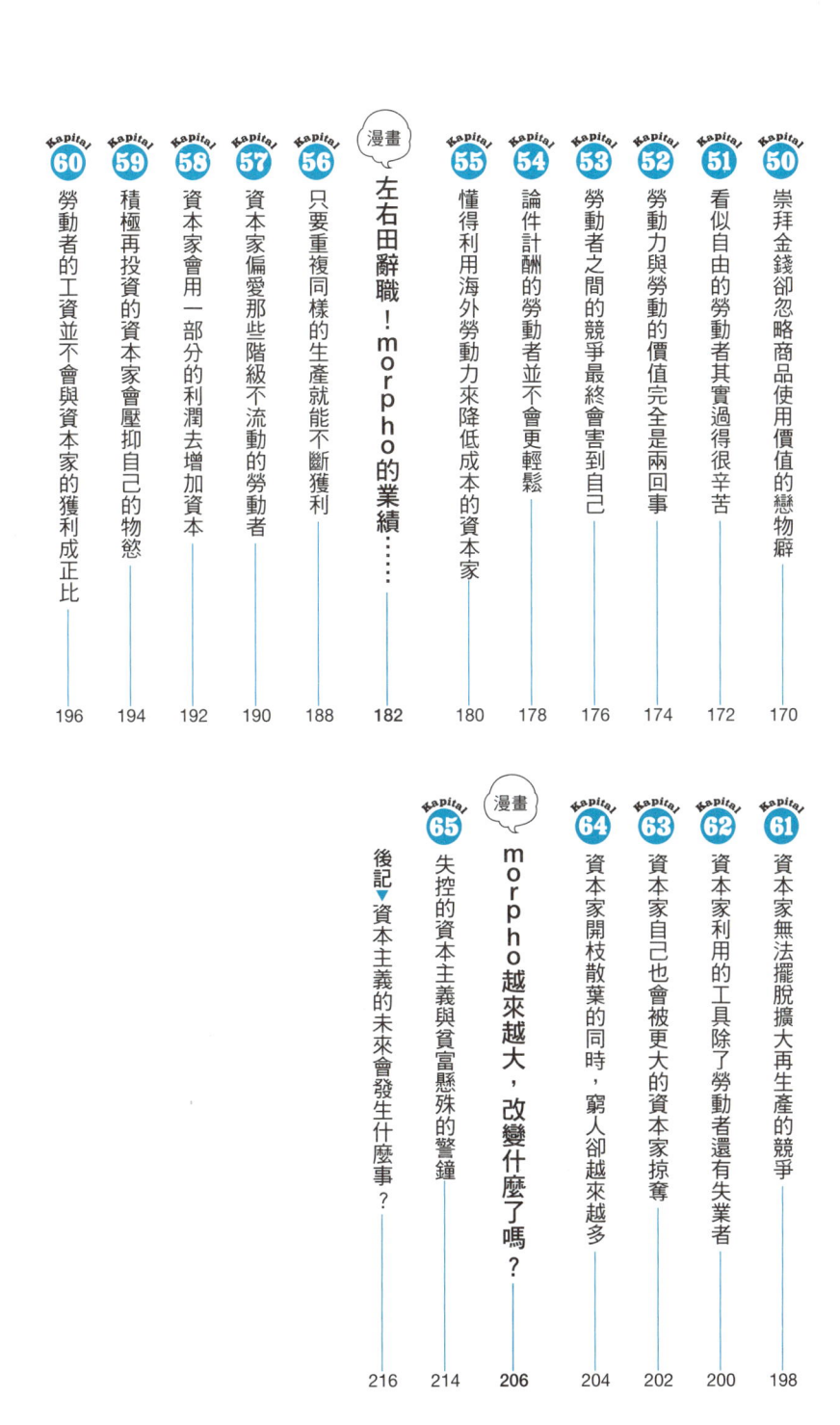

登場人物

五代雄子 *Godai Yuuko*

服裝設計師兼打版師。因覺得「uni noir」等服飾大廠的現有品牌沒有符合自己理想中的服飾，於是創立個人品牌「morpho」。二十多歲就生下女兒櫻子，身為單親媽媽，時常為了兼顧工作與育兒而煩惱。信念是「為每個人製作舒適且獨特的服飾」。

左右田翔子 *Souda Shouko*

五代的同學，年紀比五代小一歲。熱愛服裝設計，夢想成為頂尖設計師。個性開朗，看似無憂無慮，凡事都毫不在乎，唯獨對服裝比別人多一倍敏感度。夢想是以設計師的身分參加巴黎時裝周。信念是「設計出穿上就能改變人生的服飾」。

本鄉翠 *Hongou Midori*

五代的同學，「uni noir」員工。雖然對服裝產業與經營有興趣，但看待事物較著重於現實面。個性沉穩，總是冷靜觀察周遭，因此經常被誤會是冷漠的人。信念是「雖然也有足以改變人生的服飾，但服飾終究只是商品」。

第1章

資本主義是怎麼產生的？

——公司的設立與成長

只有兩個員工的辛苦奮戰

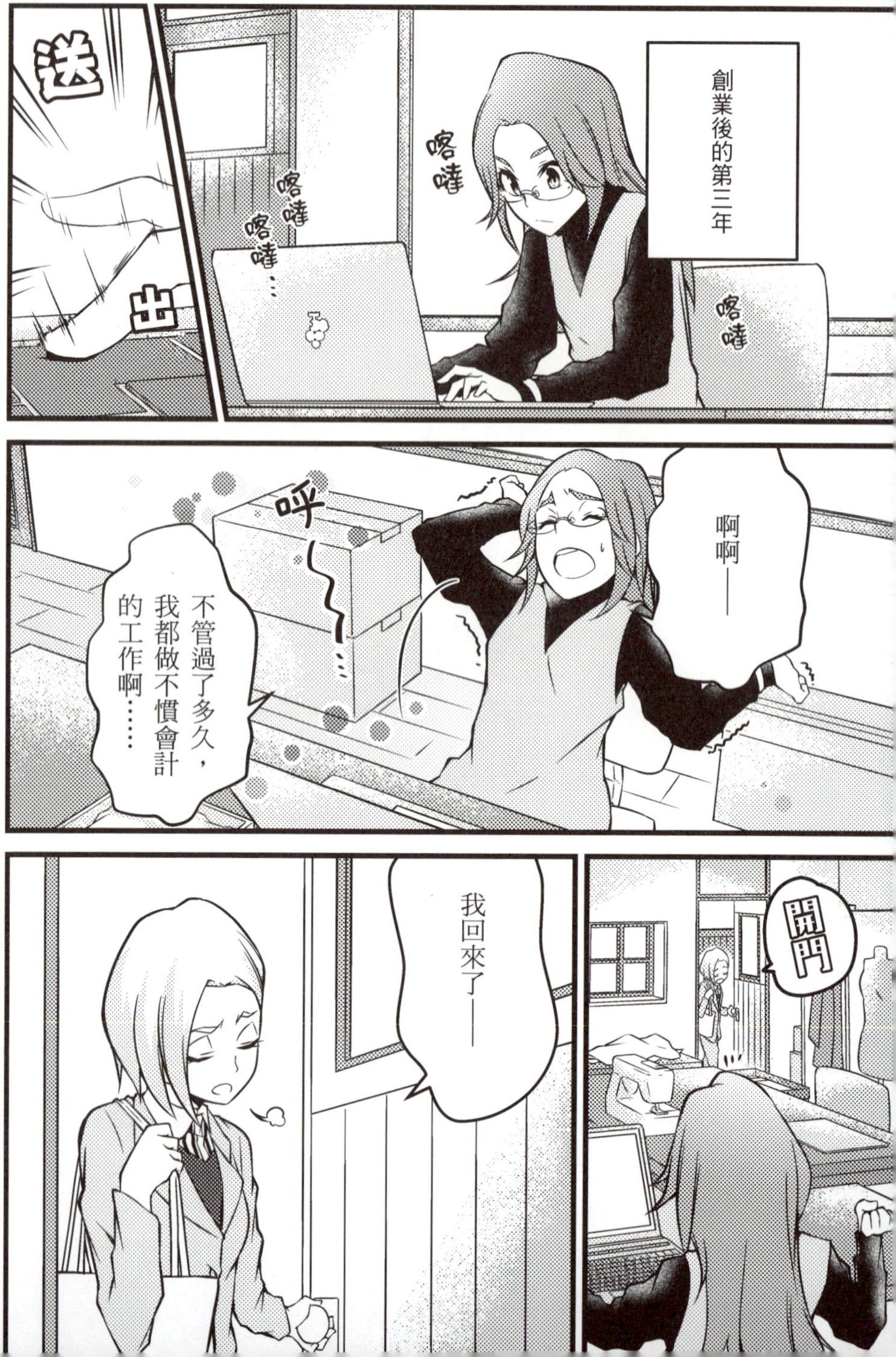

當生產出來的物品被當成商品販售的時候↓P43

大量生產效率高→ P34
不過，我以前也碰過這種事……
而且對方還拿uni noir大量生產的便宜衣服來比。
「我們店都是賣這種衣服，嘖嘖，你們那種……」
呃呵呵呵呵
她用嘲諷的口氣這樣說！
氣死我了——！
砰！
砰!!
哼
真的假的!?

唉……但該做的事還是得做。
嘆氣
是啊……
啊！說到這個……
我上次拜託妳的新設計，完成了嗎？
呃
那個……
那個嘛，我……

老實說，我還沒做……
喂，妳真是的……
上次也是這樣拖了好久。
可、可是最後趕出來了不是嗎！
砰—！
不能每次都這樣子啦！
呃……可是我的時間真的不夠用啊～！
要出去跑業務，還有例行事務，常常做著做著就天黑了……
這個不用妳說我也知道啊……
一個人包辦所有工作會讓效率低落→ P60

分工協作才能擴大事業→ P34

家庭中的角色分擔是一種社會性分工→ P38

啊，妳快點想想新設計要怎麼做！
……還有一個星期就要交件了啦！
倒…
是、是……
辛苦了——！
辛苦了——
辛苦了——！
要再雇用新人啊……
原本只有我和翔子、彼此熟悉的兩個人……
設計…
設計…
碎碎念…
再這樣下去的話，可能行不通了吧。

Kapital

04 資本主義創造出工廠分工制度

工業是從個人手工業開始發展起來的

馬克思將他撰寫《資本論》時（十九世紀中葉）的經濟體制稱為「資本主義」。這是一種由擁有生產手段的「資本家」雇用勞動者、生產商品，並推動經濟運作的系統。剛創業時的五代，就像早期個人經營的商店，自己踩著縫紉機製作服飾。由於是少量手工製作，生產效率很低。**在資本主義的歷史上，這個階段稱為「獨立手工業」。**接下來，許多人開始集中到工廠，以手工作業生產商品，這便是「工廠手工業」（Manufaktur）。之後，又進一步發展成利用紡織機與蒸汽機等大型機械設備進行生產的「機械化大工業」。

從獨立手工業發展至工廠手工業的第一步，就是像五代與左右田這樣兩人的「協作」。不過，與其讓五代和左右田各自製作一件衣服，若讓每個人專責某一道工序的重複性單純作業，就能在短時間內更合理地實現大量生產。而這種方式就催生出工廠的分工制度。事實上，早在遠古時期，社會性分工就已存在——早期人類社會中，體力較強的男性負責狩獵，女性、孩童與年長者則負責製作衣物等工作，依據年齡與性別分工，各司其職。

原典對照

第4篇〈相對剩餘價值的生產〉

第12章〈分工與工廠手工業〉

【早期的工業機械】

馬克思指出，用以將穀物磨粉的水車，是應用機械的最早案例。在中世紀前，大部分的書卷都是以手工謄寫，到了十六世紀，活字印刷開始普及，書籍便得以大量生產。此外，中世紀時，人們仍使用船槳划船，但隨著帆船的發達，遠距離貿易也得

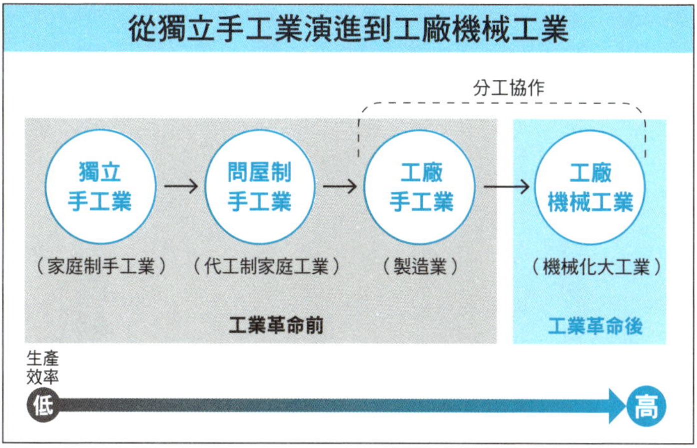

從獨立手工業演進到工廠機械工業
分工協作
獨立手工業
（家庭制手工業）
問屋制手工業
（代工制家庭工業）
工廠手工業
（製造業）
工廠機械工業
（機械化大工業）
工業革命前
工業革命後
生產效率
低
高

「工廠手工業的分工，完全是資本主義生產模式的特有產物。」

為了提升效率而推動分工

在十六到十八世紀的大航海時代，英、法等歐洲國家在南北美洲與亞洲擴展貿易網絡，藉由從海外殖民地流入的財富促進貿易發展。在這股潮流下，工廠手工業迅速發展。

馬克思以馬車為例：一輛馬車並非是由一位工匠獨力完成，而是由不同工匠在各自的工坊製作車體、車輪、窗戶、裝飾等零件。但這仍屬於較單純的分工階段。假設要在一個月內交付三百件襯衫的話，為了在有限的時間內大量生產、提升作業效率，製作流程就得細分為織布、剪裁、縫製等多道單一工序，**而負責相同工序的勞動者則需要集中在同一個地方作業。**

以向世界各地拓展。

【工廠手工業】

十六到十八世紀的歐洲，工廠手工業的發展，以纖維及金屬製品為主。發展之初，有許多農村女性以此為副業。日本的江戶時代末期，關東地區的桐生和足立等地生產的絲織品、畿內地區的和泉生產的棉織品，以及釀造業及礦業等，工廠手工業也逐漸普及。

只要分工就可以大量生產！

Kapital 05

資本家為了贏得競爭引進流水線作業

手工製造不敵市場競爭

五代創立的「morpho」，在這個階段仍處於獨立生產者的狀態。由於是純手工製作的服飾，雖然品質優良，但生產力低，每件衣服的成本也很高，難以跟「uni noir」這樣擁有大規模生產能力的製造商匹敵。

十九世紀時，印度的衣物及日用品多仍以手工製作，當地社群只生產自身消費所需的數量，有剩餘才會對外販售。另一方面，英國已發展出機械化大工業，並透過大量生產帶動經濟。因此，當英國製造的廉價衣物流入市場時，印度的紡織業便遭受嚴重打擊。

為了在市場競爭中求生存，五代勢必要設法提升生產力。因此，接下來她將聘僱更多員工，進入工廠手工業的階段。**工廠手工業可分為兩種生產類型：一種是將獨立的部分作業結合起來，另一種則是完全的流水線作業。**過去，瑞士的鐘錶產地有專門製作錶盤、發條及齒輪的工匠，這些工匠雖然各自獨立，但又分工協作。他們大多是家庭式經營的個人事業主。

原典對照

第4篇〈相對剩餘價值的生產〉
第12章〈分工與工廠手工業〉

【印度的沒落】

十七世紀初期，英國開始在印度設立貿易據點。到了十九世紀，英國已全面統治印度。印度因而淪為英國工廠大量製造商品的傾銷市場，許多印度人也被迫成為廉價勞動力，在英國人的統治下工作。

轉動紡車的甘地

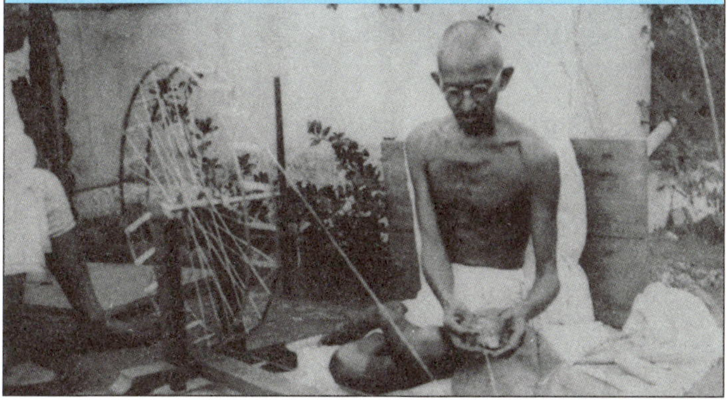

印度的紡織業受英國大量生產的廉價衣物影響而衰退。在殖民地時期，甘地提倡復興手工製衣物。

大型工廠的作業被細分化

在大型工廠中，為了追求作業效率，工作方式演變為流水線作業。**勞動者的工作變得更加專業且細微，例如由不同的人來縫製衣領、衣襬或扣子等，製程被拆分得更細。**

這些被細分的工作，其生產效率不僅取決於勞動者的技術水準，也高度依賴他們使用的工具。熟練的廚師能用同一把菜刀完成蔬果削皮或肉類剁切，但若專責切生魚片，使用細長的柳刃會更加順手。像這樣，工具本身也隨特定作業逐漸細分並專門化。在馬克思的時代，英國的工業城市伯明罕，據說光是供勞動者使用的錘子就多達五百種。

> 「工廠手工業，在其涉及的所有手工業領域中，產生了一個手工業經營本欲嚴格排除的所謂不熟練勞動者階層。」

【近代以前的工匠】

直到十九世紀機械化大工業時代來臨前，歐洲的工商業者基本上都是個人事業主。根據經驗多寡，區分為師傅、工匠、學徒等身分，並隸屬於各自的行會（同業公會，Guild）。在工業革命初期，行會為了保護熟練工匠的地位，甚至曾抵制技術革新。然而，傳統工匠最終還是被工廠大量生產的廉價商品搶走市場，只能到工廠工作了。

Kapital 06

高度分工的工廠不需要技術高超的勞動者

社會性分工與工廠分工

相較於大量生產的工廠，像morpho剛創業時這樣的傳統工匠手工業，其勞動者的處境會有很大的不同。一個工匠要完成一件衣服很辛苦，但卻能獲得很大的充實感。而長年從事製衣的職人，也會具備剪裁、縫製、刺繡等複雜且高超的技術。然而，在分工化的流水線作業下，勞動者只能進行如剪裁、使用縫紉機車縫等單一、重複的作業。據說十九世紀後半的製針工廠，製造過程包含切割、研磨、削刨等工序就多達七十二種。

社會性分工打從人類文明之初就已存在，在家庭或小型聚落的內部，人們很自然地以性別或年齡來分擔工作，而非強制分配工作。然而，**隨著大規模工廠手工業的發展，工廠內部的分工進一步促成了社會性分工。**獨立手工業大多是家族事業，父母在家一邊工作，一邊處理家務、帶小孩等。但正如漫畫中全心投入工作、無暇陪孩子吃飯的五代一樣，工廠的勞動者被迫要離開家庭、被綁在工作崗位上，家裡的事只能交給其他沒有工作的人來負擔。

原典對照

第4篇〈相對剩餘價值的生產〉

第12章〈分工與工廠手工業〉

【計畫經濟】

馬克思認為，當資本主義高度發展之後，最終會實現共產主義社會。在某種意義上，將整個社會轉化為一座工廠的構想擴展到國家層面的，就是政府決定工業生產數量與分配的「計畫經濟」。俄國革命後，蘇聯共產黨就施行了計畫經濟。

此外，在大規模工廠手工業下，隨著分工細化，勞動者會變得如同機械的零件般，被動員進行計畫性的生產。這些按照規定順序工作的人，如同機器一樣運轉著。

整個社會變成一座大型工廠

十八世紀後半，英國掀起工業革命，隨著紡紗及紡織機的發達，農村的貧困階層紛紛湧入都市，成為新的勞動力，紡織業因此迅速成長。而支撐這個產業的勞動者大多與過去獨立手工業時代的工匠不同，他們並非是能獨當一面的職人，只能從事單純的作業。馬克思引用英國歷史學家弗格森在《文明社會史論》（1767年）一書中所述：「我們這些公民都只是奴隸，在我們之中，沒有自由的人民。」

隨著「分工」的深化，僅執行單純作業的勞動者不再需要高超的技術或智能，最終就成為資本家的所有物。

馬克思指出，這種發展趨勢的終點，**就是資本家試圖「將整個社會轉化為一座工廠」**。從工廠手工業階段進化到機械化大工業階段後，這個傾向會更加強烈。

> 「工廠制度的狂熱擁護者……（略），將會把整個社會變成一座工廠吧！」

在大規模工業尚未充分發展的國家，計畫經濟在一定階段內可能是有效的，然而，由於缺乏私營企業間的競爭機制，技術革新無法推進。因此，舊蘇聯的經濟逐漸停滯，發展遠遠落後於採行市場經濟的美國與日本。進入二十一世紀後，為了達成永續發展目標（SDGs），如何避免浪費資源、有效分配資源成為關鍵課題。此外，透過大數據分析即可掌握商品的消費量，或許能因此實現另一種新的計畫經濟模式。

用低廉的價格製作高品質的商品，這就是我們的工作。

Kapital 07

物品必須經過交換才能成為商品

在資本主義出現以前，財富並不等於商品

《資本論》的開頭寫道：「資本主義生產方式下的社會財富，表現在龐大的商品堆積之中，而個別商品則是這種財富的構成元素。」換句話說，在光鮮亮麗的服飾店裡，陳列著五彩繽紛的衣服，其中也包括五代製作的服裝，這片景象呈現的正是現代的「財富」。

在近代產業資本主義擴展到社會之前，人們並沒有「財富＝商品」的觀念。森林中的野菜或海洋裡的魚，並不會直接變成財富。古代的村落大多是自給自足。在海裡捕到的魚、在田裡種植的農作物，基本上都是村民自己消費。但是，**當豐收導致有剩餘的米糧時，人們就會將之拿去交換其他物品。此時就誕生了所謂的「商品」。**

這些「商品」，必須是能滿足人們「想吃」、「想穿」等慾望的東西。森林中的野菜、地層中的金銀礦石，這些自然界的產物並非一開始就是商品，而是經過人類的採集等勞動，加上其他人對它們產生的需求、願意拿自己的物品來交換，這才讓它們成為商品。

原典對照

第1篇〈商品與貨幣〉

第1章〈商品〉

【原始共產制】

在十八到十九世紀，有人主張，在尚未出現商品的人類早期社會，沒有所謂的私人財產，凡收穫的糧食或土地等財富皆為眾人共有，此即為「原始共產制」。恩格斯認為，隨著生產力提升，才產生私有財產與階級的觀念。但這一觀點尚未在考古學上

以物易物的場景

HARPERS WEE
TOO THIN

1874年英國報紙上的插畫。有人拿一隻雞來支付訂閱報紙的費用。

現代是萬物皆商品的時代

原始時代的人們，進行著諸如用魚換米的以物易物交易。後來，作為交換媒介的「貨幣」誕生了，商業逐漸擴展到全世界。

然而，直到工業革命後、資本主義步入正軌之前，商業的規模都很小。日本與其他國家一樣，過去，大部分的人口都是農民。除了食物，農村中的衣物與日用品也大多是自給自足。在時代劇中，經常能看到農民用稻草編織斗笠或草鞋的場景。此外，**過去的勞動幾乎不以金錢來對價，所以人們只做當天必須做的工作而已。**與此相比，在資本主義早已確立的現代，可說是「萬事萬物皆商品的時代」。

> 「商品（中略），是一種根據其屬性來滿足人類某種慾望的物品。」

獲得證實。

【財產的發生】

原始時代的人們狩獵野獸、採集樹上的果實維生。此時所獲得的財富，大多都立即被消費，但稻米、小麥等穀物則可以被儲存。因此，隨著農耕普及，人們開始有「財產」的觀念，進而發展出支配階級及奴隸制度。

光是把衣服做出來，也不一定能讓它成為商品。

Kapital 08

使用價值與交換價值是商品的兩大價值

原典對照
第1篇〈商品與貨幣〉
第1章〈商品〉

所有商品都有兩種價值

馬克思反覆強調：「商品是神祕的。」令他感到神祕的，就是商品的「價值」。一塊布料為什麼有價值？他敏銳地發現，看似平凡無奇的商品，其內在卻隱藏著神祕之處。假如五代是為自己或家人縫製衣服，那麼這些衣服便不能稱為商品。商品是能夠與其他商品交換的東西。因此，馬克思認為，在交換商品時，會產生「使用價值」與「交換價值」。五代製作的衣服具有「穿上後能保暖」的使用價值，而當其被標價出售時，便可與相同售價的其他商品進行交換。

所有商品都是人類勞動的產物，唯有當商品的價值被人們所承認時，方能成為商品。這個原則也適用於無形之物。例如，自然風景本身不會像網路影片那樣收費，但現在有YouTuber在網路上發布影片，他們投入勞動時間來製作影片，讓觀眾從中獲得「使用價值」。若觀眾覺得影片內容有趣，觀看次數增加，便能帶來收入。但若缺乏觀看次數或付費支持，那麼這些影片便無法成為商品。

【同工同酬】

若商品的價值以勞動時間換算，那麼生產同一商品的勞動，無論由誰執行，其勞動價值皆相同。然而，即便工作內容相同，派遣或計時人員的薪資往往低於正職員工。因此，日本在2018年制定了《勞動方式改革相關法》，基於同工同酬的

> 「若無視商品本身的使用價值，那麼商品的屬性，就只剩下勞動生產物這個屬性。」

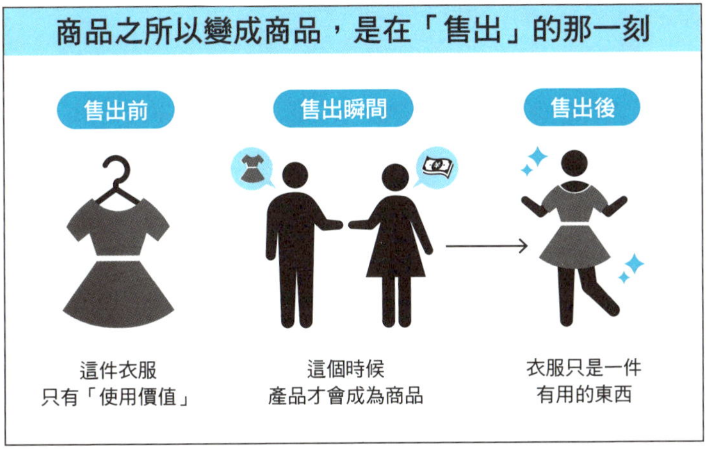
商品之所以變成商品，是在「售出」的那一刻
售出前
售出瞬間
售出後
這件衣服
只有「使用價值」
這個時候
產品才會成為商品
衣服只是一件
有用的東西

關於勞動，馬克思的一大發現

馬克思認為，生產商品的勞動，具有創造「使用價值」與「交換價值」這兩種特性。他在《資本論．第一章第二節》中自信地寫道，他是經濟學上第一個證明這個理論的人。

商品有許多類型，背後則對應各種不同的勞動。五代的工作，與拍攝網路影片的人，或烹調料理的廚師，雖說**本質上是完全不同的勞動，但在創造交換價值這一點卻是等價的。**若五代製作的衣服一件要價2萬9800圓，與高級餐廳雙人晚餐的價格相同，那麼製作這件衣服的勞動與烹調餐點的勞動，兩者就是等價的。

原則，明令禁止對正規雇用與非正規雇用員工之間的差別待遇。

【價值的變動】

使用價值與交換價值並非恆定不變。例如，即使衣著的使用價值相同，但二手衣物因其品質，價格可能會較低。反之，相同的漫畫，暢銷作品的第一版若是稀有性價值被市場認定的話，就可能在網路拍賣上以高價賣出。

製作衣服和
烹調料理
都是同一種
勞動嗎?!

Kapital

09 生產一件商品的勞動量決定它的交換價值

商品的交換價值代表生產時投入的勞動量

以服飾為例，商品的使用價值取決於設計、保暖效果等品質上的條件。而交換價值則是一件商品相對於另一件商品的價值。商品相互交換時，兩件商品之間必須要有某種對等的東西，否則無法做出比較。例如，衣服和稻米之間可以比較的共同基準是什麼？馬克思的回答是，那就是人類的勞動量——這兩者同樣都是人類花時間生產出來的東西。因此，商品的交換價值取決於製作商品時所投入的勞動量。

然而，並不是說勞動時間越長，商品就越值錢。若商品價值僅以勞動時間的長短來衡量，生產者大可以拖延、浪費時間，商品就能賣出更高的價錢了。另外，照理說一樣的勞動時間，生產出來的商品價值也應該相同，但事實上，農民的勞動時間即便與前一年相同，天候條件卻會影響農作物的收穫量。**馬克思認為，一個社會生產某件商品所需的勞動量，應該要以「社會平均勞動」作為基準。**而「平均勞動」會隨著工業技術的發展程度及不同時代的生產力水準而變化。

原典對照

第1篇〈商品與貨幣〉

第1章〈商品〉

【勞動強度】

社會平均勞動的考量要素就是勞動強度，亦即在相同勞動時間內的勞動密度。工廠的機器全天候運轉，或是嚴格檢查勞動者有沒有在偷懶，都是提高勞動強度的作法。雖說生產力會因此提升，但勞動者的負擔也會變大。

具體的勞動與「社會平均勞動」

■具體的勞動

農家的農務、辦公室職員的桌上作業、商店店員接待客人等，都是不同的勞動。

■社會平均勞動

然而，以社會平均勞動的角度來看，任何工作都會「流汗」，都需要用到「勞力」或「腦力」。

生產力提升則商品價值降低

當生產力提高時，相同的時間就能生產更多使用價值。十八世紀後半，英國引進蒸汽機，大幅提升紡織機的生產力，使所需的勞動力減半。若這樣能讓「勞動者變輕鬆」未嘗不是一件好事，但從經營者的立場來看，既然生產的時間成本減半，「不如降低售價來與其他公司競爭」。於是，市場上的商品價格也隨之下降。

黃金與鑽石之所以昂貴，是因為數量稀少、探測及開採過程極為耗費人力與時間。馬克思指出，如果有朝一日能輕易地將煤炭轉化為鑽石，那麼鑽石的價值勢必會下跌。

> 「無論生產力如何變化，同一勞動在同樣的時間內提供的價值量是相同的。」

【計時給薪】

用勞動時間長短來衡量商品價值，反過來看，就是按時間計算工資的思維。時薪1000圓、8小時的勞動，雖然不一定是都在做同一件工作，但包括從倉庫搬運布料的時間、裁剪或縫製的時間等，這些時間皆等同於1000圓的價值。勞動力就是這樣變成了商品。

Kapital 10

用來交換商品的貨幣也是一種商品

貨幣是「交換專用的商品」

五代製作的衣服，有穿著與保暖的使用價值，若一件賣2萬9800圓，這就是它的交換價值。但這些價值是怎麼決定的呢？

馬克思寫道：**「所有商品對其所有者而言，皆為非使用價值，而對非所有者而言，才有使用價值。」**以衣服作為商品的例子來說，對出售端的五代而言，衣服並不是要拿來穿，而是要拿來賣的；對那些想購買的人，衣服才是要拿來穿的。當擁有其他商品的人，認可五代製作的衣服有作為商品的價值、產生「想要穿」的需求時，就會拿自己的商品來交換。因此，在貨幣尚未問世的時代，人們是透過以物易物的方式進行交易。

然而，要找到具有同等價值的商品並不容易，**於是就出現了作為價值衡量基準的「交換專用商品」，也就是貨幣。**用來當作貨幣的東西，是其他交換商品以外的商品。硬幣或紙幣本身，並沒有可食用或可穿著的使用價值，馬克思認為，貨幣的誕生是商品交換日益發展所帶來的「必然產物」。

原典對照

第1篇〈商品和貨幣〉

第2章〈交換過程〉

【貨幣結晶】

馬克思稱一種商品成為貨幣的過程，是「貨幣結晶」。古代東亞曾使用稀有的貝殼作為貨幣，這也是為什麼許多跟金錢有關的漢字，例如資本的「資」、貯金的「貯」等，部首都是「貝」字的原因。

"「直接交換產品（略），即A商品×量＝B商品y量。」"

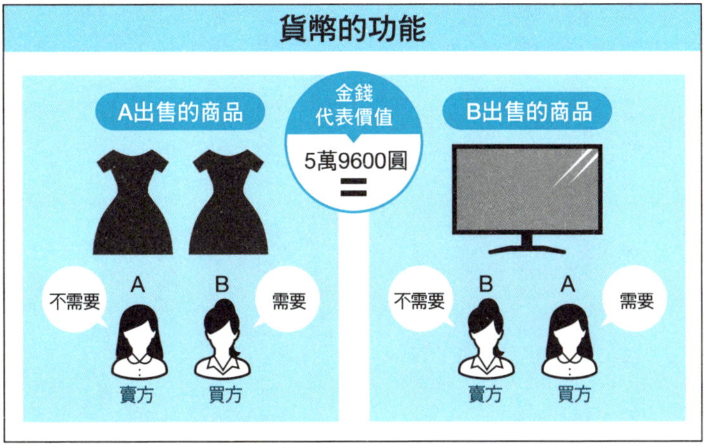
貨幣的功能
A出售的商品
金錢
代表價值
5萬9600圓
B出售的商品
不需要
A
B
需要
賣方
買方
不需要
B
A
需要
賣方
買方

貨幣是用來進行商品交換的專用商品

隨著商品交換而流通的貨幣

商品的價值可用「A商品×量＝B商品y量」來表示。例如，五代製作的兩件單價2萬9800圓的洋裝，可交換一台5萬9600圓的電視。當兩者還陳列在商店貨架時，它們只是單純的產品，直到它們與其他東西進行交換時，才會真正成為商品。

在商品不斷交換的過程中，漸漸有部分的勞動產品，像是衣服或食品，開始為了交換而生產。以衣服為例，其使用價值與交換價值脫鉤，變成一種純粹為了交換而生產的產品。當勞動產品反覆成為出售的商品，商品再進一步被貨幣取代，金錢就會在社會中逐漸流通。

【硬幣與紙幣】

金屬鑄造的貨幣大約在西元前七世紀時在西亞出現。由於大量的硬幣過於沉重且攜帶不便，東亞在十二世紀左右開始使用稱為「會子」的紙幣。蒙古人建立的元朝則透過絲路貿易，推動紙幣的流通。

目前日本的千圓鈔與萬圓鈔，是日本銀行根據法律發行的，稱為「日本銀行券」。1932年以前，日本採行金本位制，紙幣的價值與一定數量的黃金等價，並可以實際交換。

製作客人想穿的衣服是我的工作。

Kapital 11 黃金與白銀等金屬具有成為貨幣的條件

透過商品交換的反覆進行，決定交換比率

古代人們所需的食物和衣物，大多都是在當地的小型聚落內生產，生活幾乎是自給自足。在同一個聚落內，也不會進行商品交換。馬克思提到：「**商品交換是從聚落與其他聚落接觸開始的。**」例如，擁有大量穀物但缺乏鹽或魚的農村居民，與擁有大量海產但缺乏稻米或小麥的漁村居民相遇時，商品交換便會發生。最初，交換的比率由所有者的意願決定，但隨著交易的反覆進行，像是「十袋小麥等於一尾鮪魚」的交換比率就逐漸固定。

當交易規模擴大後，作為交換專用商品的貨幣開始流通。用來當作貨幣的東西，最初是偶然決定的。不同地區或時代有不同的選擇，例如家畜或奴隸也曾被當作貨幣。然而，體積過大或難以分割的物品並不適合作為貨幣使用。在這方面，**黃金和白銀具備三項特性：無論大小品質皆均一、數量易於表示、便於分割或熔合，因此可說是最適合的貨幣材料。**馬克思寫道：「黃金和白銀本質上並非貨幣，但貨幣本質上就是黃金和白銀。」

原典對照
第1篇〈商品和貨幣〉
第2章〈交換過程〉

【沉默交易】
在「以物易物」初期的商業模式中，有一種不用言語交涉的沉默交易。某個集團將物品放到指定的場所，然後離開，而另一個集團則會帶來等價的商品。前者若覺得這個交易妥當，就把後者放置的商品帶走；如果不滿意，就繼續等待對方追加交換物

「商品交換（略）是從聚落與其他聚落接觸，或聚落成員之間的接觸開始。」

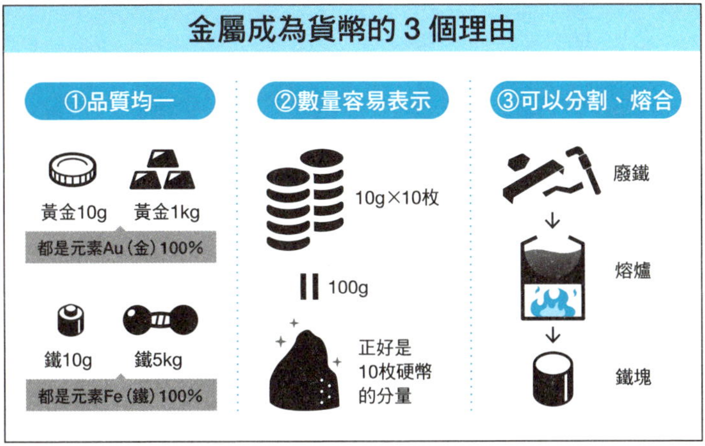

金屬成為貨幣的 3 個理由
①品質均一
黃金10g
黃金1kg
都是元素Au（金）100%
鐵10g
鐵5kg
都是元素Fe（鐵）100%
②數量容易表示
10g×10枚
‖ 100g
正好是10枚硬幣的分量
③可以分割、熔合
廢鐵
熔爐
鐵塊

貨幣價值也會反映勞動

商品的價值反映了生產所需的勞動量。例如，五代製作的衣服，其價值反映了設計、剪裁、縫製成型等工作量。因此，商品的價值也反映了生產它的勞動時間。隨著技術革新，生產得以在更短時間內大量進行，商品價格也因此下降。勞動成果以商品的形式呈現出來，而「貨幣」這個商品也是一樣的道理。

然而，對購買商品的大多數人而言，由於看不見商品生產過程中的勞動，因此產生了一種錯覺，誤以為其價值是由**黃金或白銀的重量來決定的。馬克思將這種現象稱為「貨幣的魔力」（物神性）。**

品。這個習慣曾存在於地中海沿岸、大洋洲及南美等地。

【物神性】

漂亮的石頭、人的遺髮、鈔票等，本來只是單純的物體，但人們卻相信它們擁有驅邪的法力或神秘力量，並加以崇拜，這稱為「拜物教」（Fetishism）。馬克思認為，若忽視商品和貨幣價值背後的勞動，單純將名牌商品或金銀本身視為是有價值之物，就會陷入商品與貨幣的物神性中。

外幣的交換匯率之所以會變動，也是因為貨幣的價值變動吧？

Kapital 12 資本家與勞動者是怎麼誕生的？

「自由，卻一無所有」的勞動者起源

前文介紹了商業（商品交換）的起源，那麼最初的資本家及其資本，又是怎麼來的呢？馬克思以十九世紀資本主義發展最蓬勃的英國為例，詳細說明從十四世紀以來的變化。簡單來說，就是因為「王公貴族對土地的支配崩解了」。

中世紀的歐洲農民大多都是從屬於領主，沒有搬遷或選擇職業的自由，他們與作為農業手段的「土地」密不可分。英國從十五世紀開始，有越來越多栽培穀物的農場轉為畜養羊隻的牧場，這是因為當時毛織產業興盛，而且相較於栽培穀物，畜牧業所需的人力更少。

農場主人為了確保牧草地，不斷將佃農的土地及共有地占為己有，出現所謂的「圈地運動」（Enclosure）。失去土地的農民，不得不為農場工作，或是湧入都市找工作——**他們雖然從土地的束縛中解放，但同時也失去了生產手段，成為僅擁有自身勞動力的階級。**

原典對照

第7篇〈資本的累積過程〉

第24章〈所謂原始累積〉

【光榮革命】

英國於1534年成立新教國教會，到了十七世紀時，英王詹姆士二世試圖恢復天主教，致使新教的貴族們擁立瑪麗公主與她的丈夫奧蘭治親王威廉（威廉三世）為新國王，詹姆士二世則逃亡海外。由於這場政變未造成流血衝突，因此被稱為

工商業進駐農村

十六世紀時，英國國教會成立，國王將過去歸天主教會所有的土地一一收歸己有。1688年光榮革命之後，國王對貴族的權力受到限制，新的大地主陸續出現。同時，歐洲人大舉向南北美洲及東亞拓展，貿易日益頻繁。新興的農場主與工商業者開始大量生產毛織物等纖維製品，出口到海外以賺取暴利。

隨著纖維製品的工廠手工業迅速發展，從農村流入都市的勞動者成為主要的生產力來源。過去在農村，製作衣服大多是家庭手工業，或是農家老婦偶爾兼差做的副業。當工廠手工業開始大量生產後，廉價的衣服也流入農村。因為這個緣故，過去靠家庭手工業或副業維生的人，也都轉往都市的工廠工作。**馬克思分析，這些小規模手工業者或工匠公會的師傅，就是後來的資本家始祖。**

十七至十八世紀，手工業製品進入農村的同時，農業生產也有所進步，越來越多人向都市的業者購買肥料或農具，並將農作物帶到都市販售。農村的自給自足體制逐漸瓦解，貨幣經濟則迅速發展。

「他們的村落全部被拆毀焚燒，他們的農地則全數被改爲牧場。」

「光榮革命」。

【農業革命】
因圈地運動而崛起的新興大農場經營者，他們重視農業生產效率，推廣施用肥料，並推動大麥、三葉草、小麥及蕪菁的輪作。這種組合有助於恢復貧瘠土地的肥力。如此一來，小麥的生產量大幅提升，剩餘農產品開始進入市場流通，農業逐步被納入產業資本主義體系。

Kapital 13

資本家如何支配勞動者去爭奪全球的財富？

早期的資本都滲著勞動者的血

前文提到，中世紀末期到近代的英國，失去土地的農民紛紛湧入都市，成為工廠的勞動者。他們的待遇遠比現代的非正式員工惡劣，而早期的資本正是透過壓榨這些人的血汗建立起來的。

十四世紀末的英國，主事者規定的並非是最低工資，而是規定工資的上限，甚至還制定法律，禁止勞動者集體向雇主提出訴求。當時，由於黑死病（鼠疫）肆虐，人口大幅減少，人力短缺，許多勞動者要求調漲工資並引發暴動。然而，在法律的限制下，即便生活費上漲，工資仍停留在原地，勞動者的待遇永遠無法提升。此外，**流入都市的貧困階層，即使是被迫失去土地和工作，若不參與勞動仍會遭到處罰。**

在歐洲，即便是以和平方式主張人民權利的團體，也會被視為是危險的恐怖分子。馬克思參與的共產主義者同盟，最初就是以祕密結社的形式運作。儘管如此，隨著英國勞動者運動日益高漲，1871年，禁止勞動者結社的法律終於完全廢止。

原典對照

第7篇〈資本的累積過程〉

第24章〈所謂原始累積〉

【日本最早的勞動者】

在英國近代勞動者階級產生的同一時期，江戶時代的日本，不能繼承農地的農家次子、三子以下的男性會流入都市。明治維新以後，這些人成為支持近代工商業的勞動力。許多農村的未婚女性也紛紛來到紡織工廠打工。

「資本來到世間，從頭到腳，每一個毛孔都滴著血和骯髒的東西。」

十六世紀的殖民地侵略

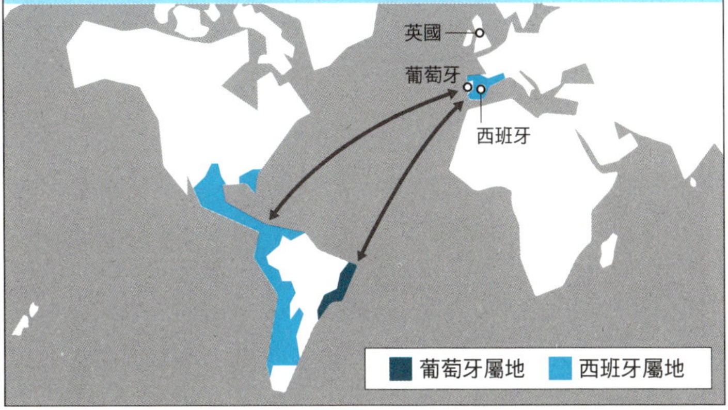
英國
葡萄牙
西班牙
葡萄牙屬地
西班牙屬地

葡萄牙與西班牙是大航海時代的霸權國家。

全球化加速了資本主義的發展

十八世紀後的歐洲，產業資本主義發達、對勞動者壓榨加劇的原因之一，便是在南北美洲、亞洲及非洲的殖民地擴張。西班牙和葡萄牙控制中南美洲後，開採了大量金銀，這些貴金屬流入全球市場，加速了貿易發展。

此外，海外殖民地成為歐洲商品的銷售市場，當地人民則被當成奴隸販賣，或被迫成為大規模農場的廉價勞動力。當利用海外低廉的勞動成本所生產的商品開始流通，為了市場競爭，國內也會開始壓低勞動成本。這種情形在現代也如出一轍。漫畫中的五代也即將捲入這場競爭中。

【對殖民地的掠奪】

西班牙在十六世紀征服了中美洲的阿茲特克帝國及南美洲的印加帝國。他們動員統治的原住民，截至十八世紀，共採掘了１２０萬噸的銀礦。他們還在中南美洲各地成立大規模農場（Plantation），利用奴隸或以低廉工資讓當地居民種植甘蔗和咖啡，再把這些產品賣到國際市場。

我們公司到海外設廠，是因為那裡的人事費用低啊！

第一次雇用員工

從今天開始我們公司有新夥伴了！
一條
照井
噹
噹！
不好意思啊，但妳們還不是正式員工……
握拳
不，沒關係！請多多指教！
我一直對服飾業很有興趣，沒問題的！
耶——！
太好了，我們有人手了！請多多指教～

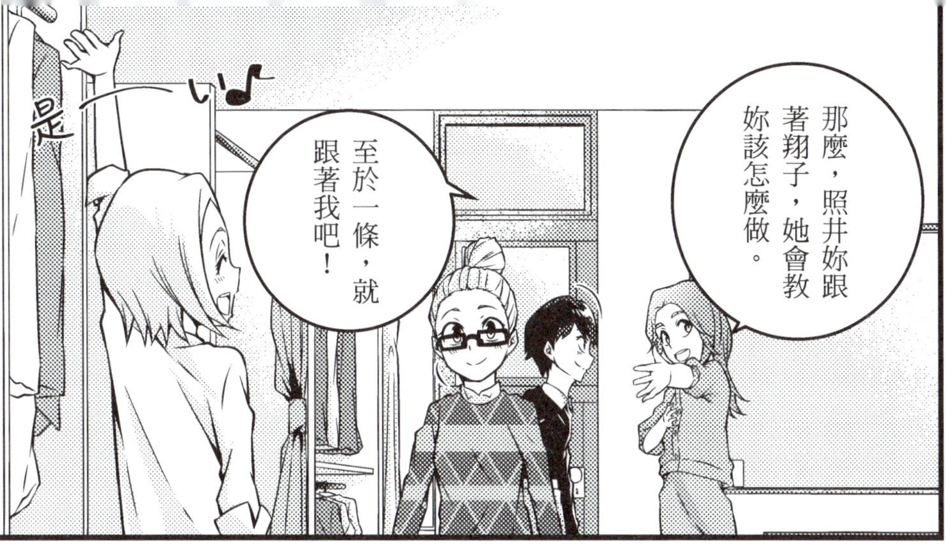

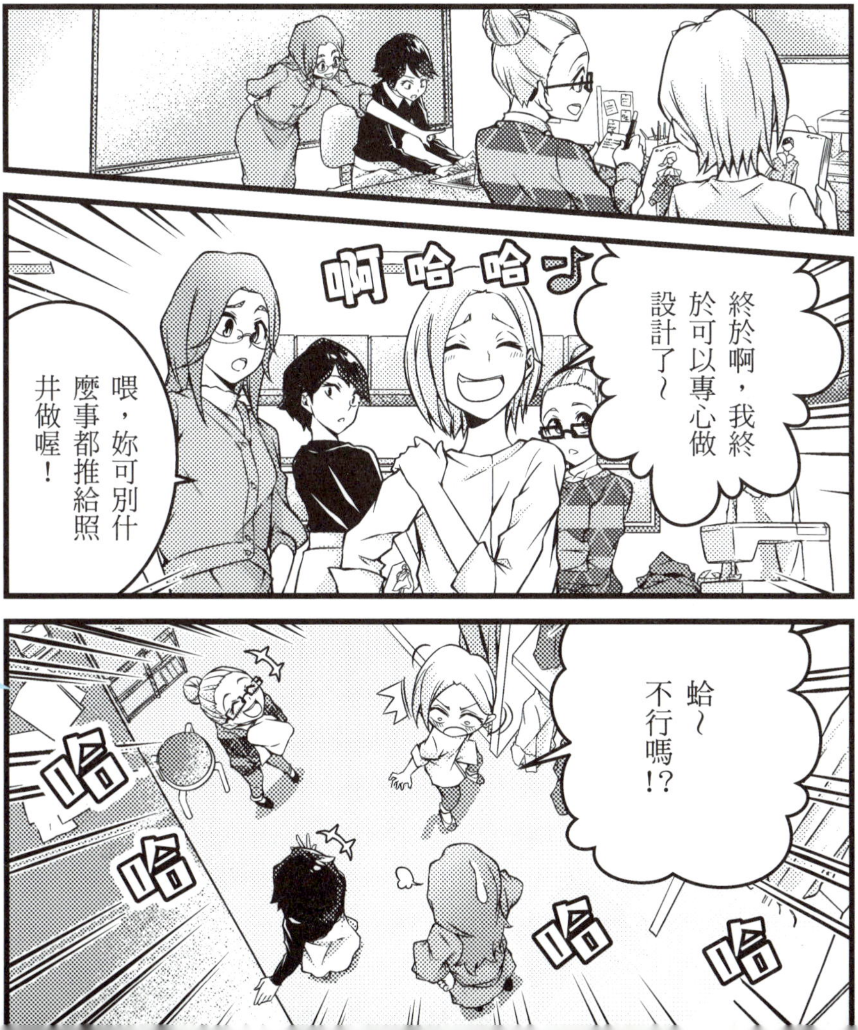

分工可以提升工作效率→P34

勞動者工作一天，無法得到一天份的報酬↓P74

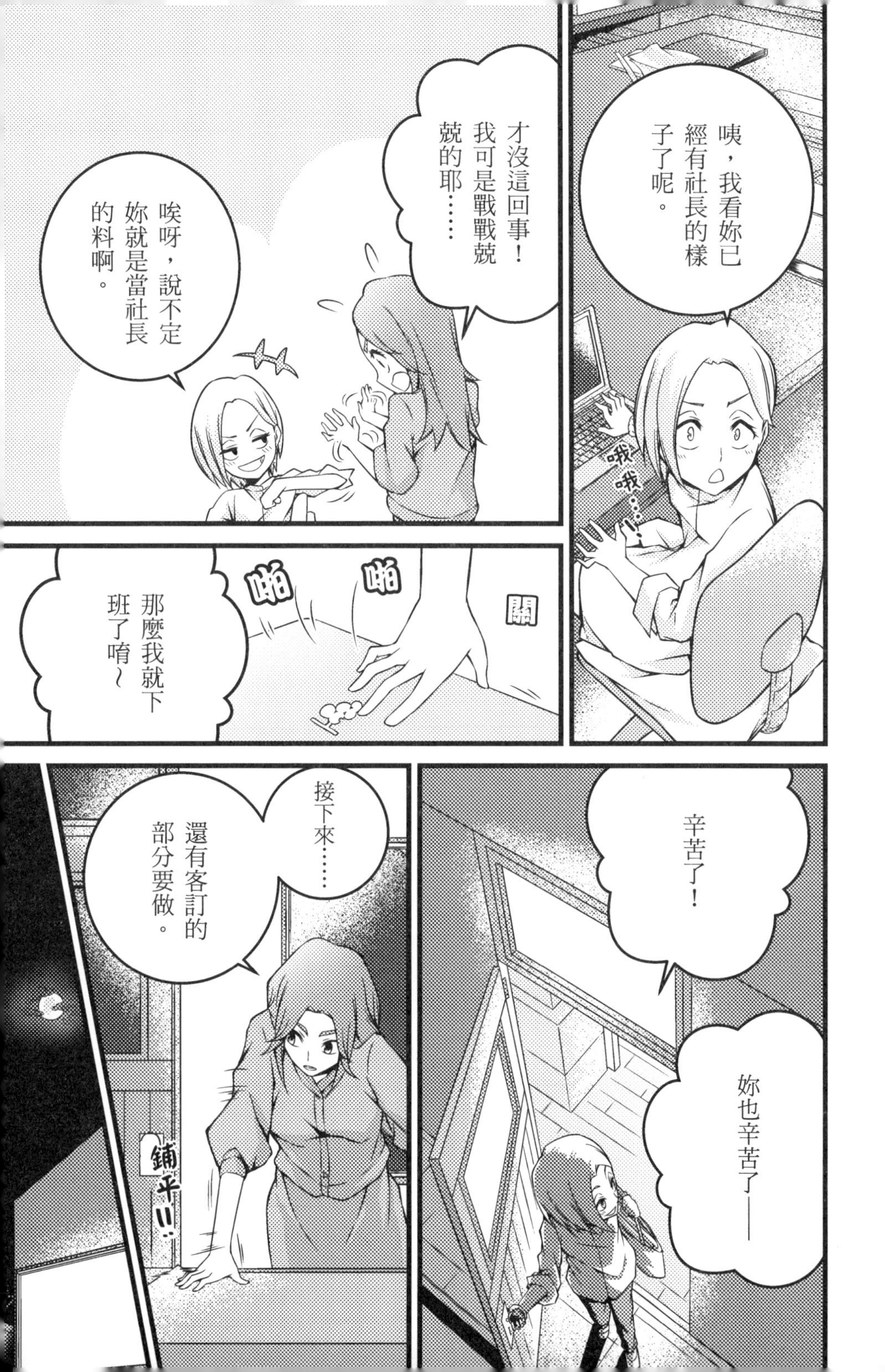

咦，我看妳已經有社長的樣子了呢。
哦、哦……！
才沒這回事！我可是戰戰兢兢的耶……
唉呀，說不定妳就是當社長的料啊。
關
啪
啪
那麼我就下班了唷～
辛苦了！
妳也辛苦了——
接下來……
還有客訂的部分要做。
鋪平!!

畫……畫……
雄子……妳還在工作嗎？
媽……
我不是說過，妳盡量不要來工作室這邊嗎……
妳說什麼啊，我打電話給妳也不接……
已經11點了耶，我當然會擔心啊！
嘟
嘟
啊……
點點
23:14
抱歉，我太專心工作了……
啪
我是無所謂啦……
但妳也要考慮一下櫻子吧。

我當然有考慮啊！
所以我現在才要更努力工作嘛……！
……對不起，我不該這麼大聲，
我這邊的工作快完成了。
好吧……
不要太累了。
沮喪…
啊……太差勁了，真討厭我自己！
可是……
現在正是要拼命的時候……
抓…
畫…
畫…
畫…

自己剝削自己↓P77

Kapital 14

凡事親力親為會導致生產效率低落

獨立手工業的發展推動分工化

雇用了兩名工讀生後，五代的 morpho 終於有一間公司的樣子了，可以說，這是從獨立手工業階段往工廠手工業邁出了一步。獨立（家庭）手工業，顧名思義，就是以住家為單位的小型工業——由家人或親戚負責作業，工作場所就是住家，生產設備也是自己的所有物。**從原料採購、製造到銷售，所有流程全都得自己親力親為，效率自然不佳。**

以 morpho 為例，它的工作室設在五代老家的別院，也就是在家作業。從服飾製作、布料採購、拜訪客戶等大小事，全都是五代與左右田一手包辦。生產所需的設備也是自有的。嚴格來說，因為五代雇用了左右田，morpho 已經與典型的獨立手工業有所不同，但基本上仍停留在獨立手工業的階段。如今又新增了兩名有支薪的員工，從定義上來看，這已經朝工廠手工業邁出了一步。然而，實際的變化或許還不大。

此外，獨立手工業還有另一種發展模式，稱為「問屋制家內工業」（編按：類似家庭代工）。相較於獨立手工業的親力親為，問屋制家內工業則是由問屋（委託商人）提供生

原典對照

第4篇〈相對剩餘價值的生產〉
第12章〈分工和工廠手工業〉

【營業】
廣義上指的是以營利為目的，持續進行的各種業務活動。但這裡指的是拜訪客戶、介紹推銷商品等以客戶為對象的業務。

【價格彈性】
描述商品需求與價格比率變化的術語。當商品的價格變便宜時，銷量隨之

產所需的資材與工具。作業場地一樣是自家住宅，但生產出來的成品全數由問屋收購。

這兩者最大的差別在於，是自行負責所有業務，還是只負責生產。問屋制家內工業的優點在於，生產者只要專心生產就好。區分生產與銷售（分工），就能提升生產效率。然而，將工序拆分後，若某個環節的進度落後，有可能會影響整體的生產進度，這也是它的風險。**在工業革命之前，獨立手工業與問屋制家內工業是主要的工業形態，而在工業革命之後，工廠手工業逐漸成為主流。**

機器難以複製傳統工藝品的工匠技術

獨立手工業想要生存下來，必須符合三個條件：價格彈性低、地域性高、難以機械化。其中，傳統工藝品是較容易符合這些條件的產品。例如，有田燒等地區特有的產品，或是須仰賴當地工匠傳承技術製作的物品，它們通常難以透過機械量產，即便可行，成本也過於高昂。換言之，這類工業仰賴工匠技術。如今，仍有許多從事這類工業的職人，以獨立手工業的形態持續生產。

> 「工廠手工業的勞動者（略），只是作爲資本家工坊的附屬物，進行生產活動。」

增加，就代表這個商品的「價格彈性高」。反之，若商品降價後，銷量的變化不大，則代表「價格彈性低」。價格彈性低的商品，即便降價，銷量也不會明顯增加，因此較不容易引起價格競爭。

製作訂製服飾也必須要有工匠的技術！

Kapital 15

使用方便且可以交換任何東西的貨幣

用「W↓G↓W」看貨幣的功能

貨幣具有表示商品價值的功能。它能夠清楚地表現出某件商品包含了多少勞動量，讓任何人都能輕易理解。貨幣的另一個功能，則是讓商品的買賣變得更加便利。

在沒有貨幣的時代，人們只能以物易物。例如，**五代會製作服飾，但如果沒有貨幣，想得到衣服的人就必須拿其他的物品來交換。然而，想要衣服的人並不一定有五代想要的東西，如此一來，交易就無法成立。**而貨幣正是連結交易雙方的媒介。

五代把製作好的服飾拿出來販售，想得到衣服的人則用貨幣來購買。五代得到貨幣後，可以再去交換自己想要的東西。馬克思在《資本論》中用「W↓G」來表示這樣的循環，其中，W代表商品（Ware），G代表貨幣（Geld）。**五代的衣服（W）跟貨幣（G）交換，接著五代再用貨幣（G）去交換其他商品（W）。如此一來，「W↓G↓W」的模式就成立了。**

原典對照
第1篇〈商品和貨幣〉
第3章〈貨幣或商品流通〉

【無現金支付】
指透過轉帳、銀行帳戶自動扣繳公共費用，或使用信用卡付款等，以不直接使用現金的方式支付或收款。

【虛擬貨幣】
指不具備硬幣或紙幣等實體，僅以電子數據形式進行交易的貨幣。主要用

W→G→W可以呈現商品的變化

貨幣本身沒有價值也沒關係

某種商品（W）透過貨幣（G），轉換為另一種商品（W）。換句話說，商品變為另一種商品，馬克思將此稱為「商品的變形」。

貨幣也可能是無形的

過去，金屬是貨幣的主流形式，但只要「W→G→W」的模式能夠成立，貨幣就不一定要以金屬的形式存在。**貨幣是用來衡量商品的價值的基準。換句話說，只要能表示商品的價值，貨幣採用何種物質並不重要。**後來，貨幣便演變成以本身沒有價值的紙張形式，這就是紙幣的由來。馬克思就是如此論述的。

現代社會中，有些場合甚至連紙幣都不需要了。例如，無現金支付或電子錢包、虛擬貨幣等，除了能輕鬆顯示金額，還可靈活地合併與拆分，且因不具物理性的質量，不需要隨身攜帶，具備諸多優點。

於網路交易。

通常，我們日常使用的硬幣或紙幣稱為「法定通貨」，其價值由國家所保障。然而，虛擬貨幣的價值並未受到特定國家的保障，因此較容易發生不法行為。

為了防止不法，某些虛擬貨幣採用了高度加密技術，這類虛擬貨幣又被稱為「加密貨幣」。

「貨幣所帶來的商品流通，打破了產品交換時，時間、地點及個人的限制。」

我從來沒想過為什麼貨幣能用來交換商品呢！

Kapital 16
價格其實就是商品價值的數量表現

用金屬重量來表示商品的勞動量與價值

很多人都會把日常生活中所謂的「價值」與「價格」想成是同一個意思。**但兩者其實是完全不同的概念。**

我們先看「價值」。如同第42頁所述，價值有「使用價值」和「交換價值」兩種。商品的價值取決於生產時所耗費的人類勞動量（與勞動品質）。

相對的，「價格」原本是用來具體表示價值大小的金屬重量（數量）。為什麼是金屬呢？因為金屬具備三個條件：質地均勻、容易計量數量、能輕易分割或熔合。最能直接反映這一點的例子，就是英國等地使用的貨幣單位「英鎊」（pound），這個字同時也是重量的單位。

「表示勞動量（與勞動品質）的是價值」、「用重量（數量）來表示價值的是價格」，這麼看來，「價值」與「價格」雖密不可分，但本質是完全不同的。

原典對照

第1篇〈商品和貨幣〉
第3章〈貨幣或商品流通〉

【英鎊】

通貨及質量的單位。作為質量單位的英磅，最初是以小麥的重量為基準。後來，英國以1英磅重的白銀作為貨幣來使用，因此貨幣單位就叫做「英鎊」。

最初，1英鎊等於20先令（shilling），20先令等於240便士（pence）。

價格不一定能反映價值的本質

大家可能以為，只要有標價，你就能用貨幣買到世上所有的東西。但事實正好相反，正因為所有商品都具備「價值」，它們才能夠與貨幣交換。

馬克思在《資本論》中強調：「商品並非是因為貨幣而變得相等。」例如，**假設五代製作了一件標價10萬圓的衣服，另外有兩副各標價5萬圓的耳環——兩者的價格雖然都是10萬圓，但這並不表示它們的價值相等。**

五代製作衣服的勞動被認定具有10萬圓的價值，而耳環在成為商品之前所耗費的勞動，則被認可具有5萬圓的價值，因此才標上這樣的價格。**但同為10萬圓，並不代表製作一件衣服與製作兩副耳環的勞動是相同的，而是「製作一件衣服的勞動」與「製作兩副耳環的勞動」被認定為「等值」，因此才標上相同的價格。即便價值不變，價格仍可能改變，甚至價值不存在的東西也可能標上價格。**此外，即使是無形的事物，只要其價值被認可，就能標上價格。

“「價格是指已被商品化的勞動之貨幣名稱。」”

1971年，英國實施十進位制，1英鎊因此等於100便士。

英鎊的符號£源自用來量測重量的天平（Libra），而重量單位「磅」則縮寫為lb，語源與此相同。

【價值大小以重量（數量）來表示即為價格】

只要能表示價值，其實不一定要使用金屬，只要能顯示數量即可。所以紙幣也能發揮貨幣的功能。

Kapital 17

資本就是能創造更多金錢的錢

「為了販賣而購買」所用的錢，就是資本

資本主義的核心，即《資本論》所說的資本到底是什麼呢？簡單來說，**資本就是「能夠產生金錢的錢」**。以下將依序說明。馬克思在《資本論》所指，「一般流通的貨幣」與「作為資本的貨幣」是不同的概念。

第62頁以「W→G→W」這個關係式來說明貨幣的功能。**這個循環是「為了購買而販賣」，也就是為了獲得其他商品而出售商品。**G（貨幣）是商品與商品之間的媒介，也是貨幣應有的功能。

馬克思指出，作為資本的貨幣，應以「G→W→G」來表示。現實中，實際的資本流通是「…→G→W→G→W→G→…」，W和G的交易無限循環，因此並非單純切割為一個獨立流程。但我們暫且將它理解為「從G（貨幣）開始，最後又回到G（貨幣）」的運作模式。**這個循環就是「為了販賣而購買」，而這裡的G（貨幣），就是作為資本的貨幣。**

原典對照
第2篇〈貨幣轉化為資本〉
第4章〈貨幣轉化為資本〉

【流通】
指商品從生產者交給消費者，或貨幣在經濟活動中轉移。
雖然有兩種意義，但由於商品買賣通常伴隨商品的物理性移動及貨幣的轉移，因此這兩者經常被混為一談。

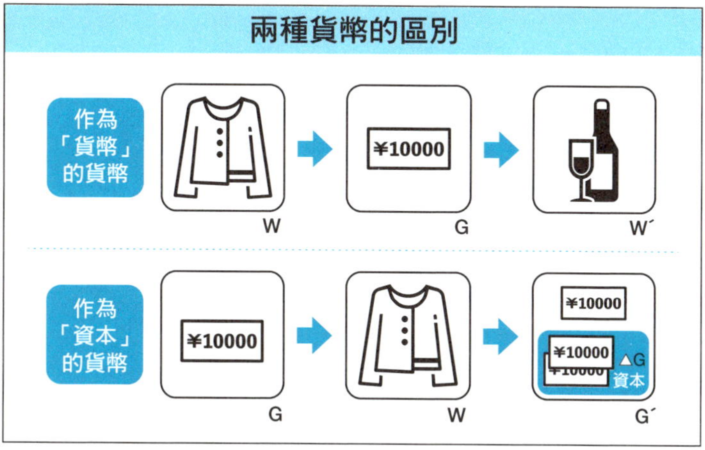
兩種貨幣的區別
作為「貨幣」的貨幣
¥10000
W
G
W´
作為「資本」的貨幣
¥10000
¥10000
¥10000
ΔG
資本
G
W
G´

W 和 W´ 的價值相同。相對的，G 和 G´ 的價值在增加。

用「G→W→G」來理解資本

如果一直維持「G→W→G」的模式，那麼兩端的G並不會改變。例如，用10萬圓（G）購買商品，再用10萬圓（G）出售。但在實際的商業行為中，**當以10萬圓（G）買進商品後，通常會提高價格，例如以12萬圓（G´）出售。換句話說，「G→W→G」在現實中應表示為「G→W→G´」。**

這裡增加的2萬圓（ΔG），被稱為資本的利潤。馬克思指出，「商品交換（買賣）應該是同樣價值的物品交換」，也就是等價交換。若這個觀念正確，那麼G為何會變成G´呢？我會在後面的章節進一步說明。對此，馬克思也曾提出「資本產生於市場之外」的說法。

> 「所有的新資本最初登上舞台，也就是市場時，始終都是以貨幣的形式出現。」

【市場】
指特定商品的交易場所或範圍，即商品供應者與需求者之間進行交易的場域。可以是具體的交易場所，例如證券交易所等，也可作為抽象概念，泛指財貨與服務進行買賣的空間，例如國際市場、金融市場等。

我們公司就是要增加資本，對吧！

Kapital 18

勞動力的買賣透過流通創造了資本

資本主義出現之前的「商業資本」與「高利貸資本」

前文提到，商品的交換應該是等價交換，但實際上卻是如「G→W→G´」所示，價值會增加。**馬克思解釋，這是因為商人透過低買高賣的商業行為，寄生於流通之中。由此產生的資本，被稱為「商業資本」。而連商品的媒介都縮減的，則是高利貸資本。**顧名思義，高利貸資本指的是以高利率出借貨幣，**再從利息產生資本，也就是「G→G´」。**

這些資本存在已久，遠遠早於接下來要介紹的產業資本。商品交換本身並不會產生任何價值，商業資本和高利貸資本只是價值互相交換而已。若以這樣的機制為基礎，資本主義社會並無法成立。然而，這種原始的資本累積，卻是後來資本主義發展的前提。

資本不是物品，而是一種流通過程

馬克思說：「資本不會從流通中產生，但也不能說它完全不來自流通。」如果價值無法在流通中增殖，那是否能在流通之外增殖呢？以布料加工、製作成衣服為例，這個過程

原典對照
第2篇〈貨幣轉化為資本〉
第4章〈貨幣轉化為資本〉

【商業資本】
藉由商品流通獲得利潤的資本。依資本主義發展的各個階段，性質會有所不同。產業資本出現後，藉著生產的商品流通所發生的利潤，取其中一部分成為資本。

【高利貸資本】
以高利率出借貨幣獲取

「流通或是商品交換，並不會產生任何價值。」

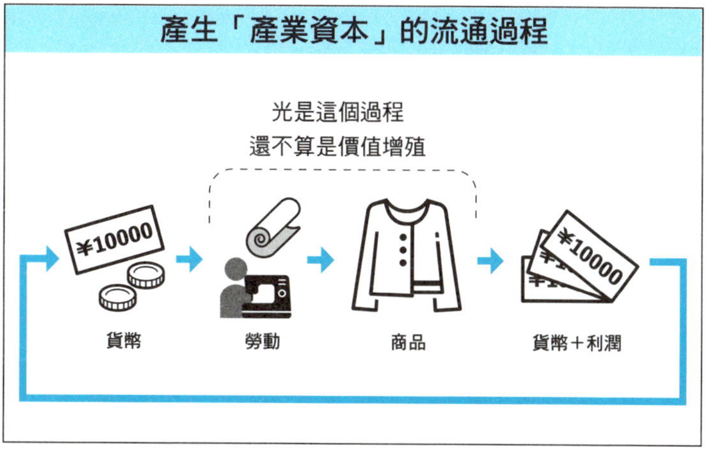
產生「產業資本」的流通過程
光是這個過程
還不算是價值增殖
¥10000
貨幣
勞動
商品
¥10000
貨幣＋利潤

只是將布料加上了勞動的價值，並不能說價值本身有所增長。

這裡的關鍵，就在於勞動力的買賣。馬克思表示：「最初被預先投入的價值，在流通中不僅能維持原本的價值，還會在過程中改變價值量，並附加剩餘價值，換言之，就是價值增殖。而正是這個變動將價值轉化成資本。」

資本家雇用勞動者，使用勞動力這個特殊商品。**將勞動力所生產的商品出售，然後再次投入勞動力，不斷重複這一連串的過程，便產生了剩餘價值，再藉著流通轉化成資本。這便是所謂的「產業資本」。**

利潤的資本。在商品與貨幣存在的社會中隨處可見。在資本主義出現以前，以寄生於生產活動或商業活動的形式掠奪貨幣。在資本主義社會中，則轉化成銀行資本。

【原始累積】
在資本主義發達以前，藉由商業資本、高利貸資本所累積的資本。這種資本就是將勞動力商品化的前提。

我們好像被資本推著走，好可怕！

Kapital

19 勞動者的工資與他們創造的價值不相等

為了增加資本，資本家必須招募勞動者

前文已說明，「G→W→G´」會產生資本。而G（貨幣）要變成資本，關鍵就在於勞動力的買賣。

我們先看最初「G→W」這個部分。與G（貨幣）交換的W（商品），就是勞動力。馬克思強調，這等同於資本主義的核心。

許多人可能難以理解勞動力如何成為商品。以漫畫中五代等人的morpho為例，新雇用的兩名員工（工讀生）將會在五代手下開始製作衣服。**假設她們一天的勞動能生產五件價值10萬圓的衣服，她們也不會拿到五件衣服所價值的50萬圓。不管她們一天是做出一件或十件衣服，都不會直接影響她們實際獲得的報酬。**

原因在於，她們是「出售勞動力這一商品的勞動者」。為了增加資本，資本家（五代）需要尋找像她們這樣的勞動者，與之簽訂契約。

原典對照

第2篇〈貨幣轉化為資本〉

第4章〈貨幣轉化為資本〉

【勞動力的買賣】

資本家與勞動者之間，存在著「出售勞動力，以貨幣支付對價」的契約。作為買方的資本家，與作為賣方的勞動者，雙方皆基於自己的自由意志締結契約。然而，若勞動者不是只在一定時間內工作，而是將自己的勞動力全數出售，那麼他就不再是勞

只能販賣勞動力的人，稱為「勞動者」

馬克思為「勞動者」下了一個明確的定義：只擁有「勞動力」這個商品可出售的人。以前述的例子而言，兩名員工出售給五代的，正是她們「製作衣服」的勞動力。

記住：勞動力也是一種商品，也就是具有使用價值和交換價值。morpho員工們的使用價值就是製作衣服。如果她們生產的衣服越多，morpho就能賺越多錢。**對五代來說，員工的使用價值，就等於她們擁有生產價值的能力。**

而員工的交換價值，則是再生產製作衣服的勞動力所需的時間和費用，也就是為了維持勞動力的生活費——簡單來說，就是「工資」。

員工（勞動者）出售勞動力製作衣服，五代（資本家）則支付工資作為對價。然而，五代不會支付與員工所生產商品（衣服）的價值相等的交換價值（工資）。因為這樣一來，就失去雇用勞動者的意義了。結果就是，勞動者生產的價值與他們實際獲得的交換價值（工資）之間，產生了差額。而這個差額正是「G→W→G´」中產生的「ΔG」。這就是馬克思揭示的資本真相。

> 「資本唯有在生產及生活手段的擁有者在市場上發現自由的勞動者，並將其作爲勞動力的賣方時，方能成立。」

動力這個商品的擁有者，自己就成為商品，與與奴隸無異。

【打工】

在本業或學業之外從事的短時間勞動，稱為「打工」。這個詞源自德語的「arbeit」，為勞動之意。更早則可追溯至日耳曼語的「arba」，為男僕、家臣及奴隸之意。

Kapital 20

勞動者製造的產品歸資本家所有

人類歷史中普遍存在的「勞動過程」

人類自古就開始勞動。根據馬克思的定義，「勞動過程」是指人類介入自然界，利用資源製造有用的產品之過程。

有用的產品，是人類以技術或能力將作為原材料的「勞動對象」進行加工而生產出來的。這個過程中使用的器具或機械，就是「勞動手段」。勞動對象與勞動手段合稱為「生產手段」——由此生產出來的物品，屬於生產者所有。而這些產品也可能再被用來製造其他產品的材料或工具。

只為販賣而勞動的資本主義社會

然而，在資本主義體系下，這個過程發生了變化。雖然勞動過程本身，即生產有用之物這點並未改變，**但勞動在資本的支配下，其生產出來的物品不再歸生產者所有，而是歸資本家所有。**此外，生產物本身也變成「為了有利於出售的東西」。

原典對照

第3篇〈絕對剩餘價值的生產〉

第5章〈勞動過程與價值增殖過程〉

【勞動過程】

使用勞動手段對勞動對象進行勞動的過程。整個過程都獨自進行的勞動者稱為「全體勞動者」；僅負責一部分的則稱為「部分勞動者」。morpho創業初期，五代就是全體勞動者，而新雇用的工讀生則是部分勞動者。

> 「勞動力的價值與勞動過程中價值的增殖，是兩個不同的概念。」

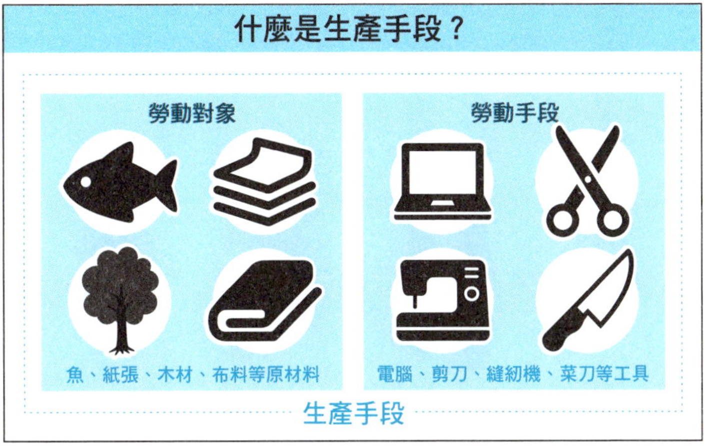
什麼是生產手段？
勞動對象
魚、紙張、木材、布料等原材料
勞動手段
電腦、剪刀、縫紉機、菜刀等工具
生產手段

勞動對象與勞動手段結合起來，就成為生產手段。

資本家讓勞動者不斷生產，是為了出售這些有用的生產物。更準確地說，是為了獲得超過最初投資的收益。資本家經營的並非慈善事業，他們必須創造「利潤」。

那麼，利潤究竟如何產生呢？假設morpho製作的服飾價值10萬圓，為了獲利，定價12萬圓，並成功售出。表面上看似獲利，但morpho本身也需作為買方，向材料供應商購買布料，而這些供應商同樣會以超過價值的價格賣給morpho。如此一來，價格會不斷向上疊加，不會產生任何利潤。還記得「G→W→G´」嗎？「ΔG」的部分稱為剩餘價值，這正是資本主義社會創造利潤的根源。

【勞動對象】
勞動過程中加工的勞動對象，除了漁產或地下資源等自然界產物，還包含其他產業生產的布料、絲線等原材料。

【生產手段】
勞動對象與勞動手段合起來成為生產手段。在資本主義社會，生產手段為資本家所有。

因為掌握了生產手段，所以產品也歸資本家所有。

Kapital 21 勞動者無法做多少事就領多少錢

日薪1萬圓，卻能創造2萬圓的價值

我們已經知道，資本家要獲利，就必須創造「剩餘價值」。接下來，我們要深入探討剩餘價值的概念。

五代的服飾品牌morpho招聘了兩名新員工，雇用條件是一天工作8小時，日薪1萬圓。假設她們4小時能製作出一件價值1萬圓的衣服（當然，morpho的訂製服飾沒有這麼便宜，也不可能這麼快完成，這裡是用便於理解的數字來說明）。換言之，**她們只要工作4小時，就能生產相當於自己日薪價值的產品。**

然而，她們與五代締結的契約是一天工作8小時，因此必須再勞動4小時。而這額外的4小時，又可創造出1萬圓的價值——這就是額外產生的「剩餘價值」。

勞動力是交換價值低於使用價值的特殊商品

她們的日薪1萬圓是勞動力這個商品的交換價值。但是，她們所出售的勞動力，其使

原典對照

第3篇〈絕對剩餘價值的生產〉

第5章〈勞動過程與價值增殖過程〉

【勞動時間】

在日本，目前每日與每週的最長勞動時間，皆以《勞動基準法》規範。根據該法第三十二條，原則上每日勞動時間的上限為8小時，每週總勞動時間不得超過40小時。

此外，休息時間亦有規範。《勞動基準法》第三十四條規定，若勞動時

「勞動力的日常維持費與勞動力的日常支出（略），前者決定了其交換價值，後者則構成其使用價值。」

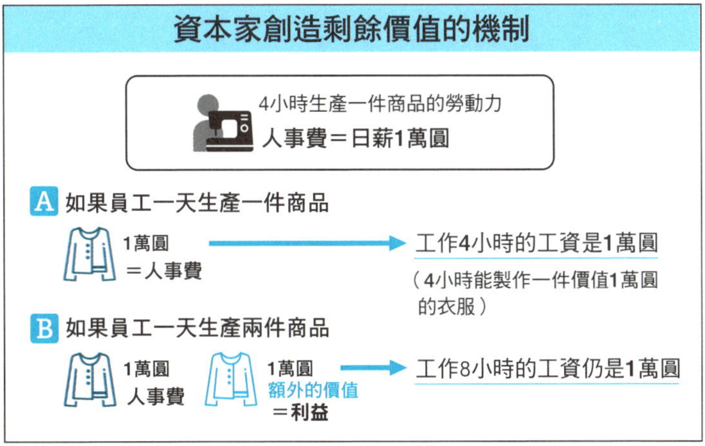
資本家創造剩餘價值的機制
4小時生產一件商品的勞動力
人事費＝日薪1萬圓
A 如果員工一天生產一件商品
1萬圓
＝人事費
工作4小時的工資是1萬圓
（4小時能製作一件價值1萬圓的衣服）
B 如果員工一天生產兩件商品
1萬圓
人事費
1萬圓
額外的價值
＝利益
工作8小時的工資仍是1萬圓

剩餘價值產生的過程，稱為價值增殖過程。資本就是這樣增殖的！

用價值——也就是實際的勞動能力，卻能創造超出1萬圓的價值。

換句話說，勞動力是一種使用價值大於交換價值的特殊商品。**她們的日薪1萬圓，實際上僅是工作4小時所得到的生活費，而額外工作的4小時並未獲得支付。換言之，她們的工資並不是全部勞動的報酬，而只是維持勞動力再生產所需的費用。**

相對的，資本家正是透過她們所創造的剩餘價值來獲取利潤。因此，資本家總是想盡辦法要增加剩餘價值。

間超過6小時但未滿8小時，雇主須提供至少45分鐘的休息時間；若勞動時間超過8小時，則須提供至少1小時的休息時間。此外，每週必須要有一天以上的休假日，4週總共要有四天以上的休假日。

【再生產】
指消費已生產的產品，補充生產過程中消耗的生產手段與勞動力，以便進行新的生產。人類為了生存，也必須進行再生產。

看完上述說明，我覺得自己好像在做壞事。

Kapital 22 資本家希望勞動者一天能工作二十四小時

《資本論》要從〈第8章〉開始讀起

馬克思對勞動者說，《資本論》要從〈第8章〉開始讀起，因為這一章的內容全都與勞動者切身相關。這一章的標題名為「勞動日」，也就是勞動者一天的工作時間。

勞動者的工作時間由兩個部分組成：必要勞動時間（創造相當於工資價值的時間）和剩餘勞動時間（創造剩餘價值的時間）。以前一節的例子來說，4小時是「必要勞動時間」，之後的時間則屬於「剩餘勞動時間」。從勞動者的角度來看，工作到超過必要勞動時間似乎是多餘的；但對資本家來說，必要勞動時間僅能回收成本，無法帶來利潤。

這並不是說資本家想欺騙勞動者。資本家支付工資，勞動者則在雙方同意的情況下簽訂契約。**這個機制的關鍵在於，「勞動力」是一種使用價值大於交換價值的特殊商品。因此，資本家都希望將勞動時間做最大限度的利用，因為勞動時間越長，創造的剩餘價值就越多，資本家的利潤也就越大。**

馬克思以當時英國的勞動現場為例，批判過度勞動帶來的後果。過去的封建社會，

原典對照

第3篇〈絕對剩餘價值的生產〉
第8章〈勞動日〉

【工廠法】

指英國在1802年制訂的法律。為了保護工廠的勞動者，該法於1833、1844年進一步修訂。包括禁止未滿十八歲的勞動者在夜間勞動，以及必須設置工廠監察官等。

人民必須承擔義務性的徭役。在工業革命初期，英國的勞動時間基本上長達12小時。到了馬克思的時代，雖然法律已將工時限制在10小時以內，並要求工廠提交報告以確保遵守規範，但實際上，這些規定往往名存實亡。有些勞動者甚至一天要工作16小時。不過，這種情況並未持續太久，資本家與勞動者之間的階級鬥爭終於爆發，《工廠法》於焉而生，女性與兒童的勞動時間也受到一定程度的限制。

強迫延長勞動時間就是剝削

我們再回頭看看漫畫中的五代。身為morpho的負責人，**五代的身分是資本家，但同時她也參與服裝製作的勞動。**因此，她既是資本家，也是勞動者。五代讓員工和左右田按照規定時間下班，但自己卻在工作時間結束後繼續加班。

換句話說，五代透過延長自己的勞動時間，來創造更多的剩餘價值。**從五代的立場來看，這或許是不得已的辦法，但這種情況就等同於她在剝削自己。**

【徭役】

封建時代施行的制度，君主或領主強制人民做的無償勞動。看起來像是剝削，但剝削是以低廉工資強迫勞動者過度勞動，榨取利益。馬克思認為徭役比剝削更惡質，是一種藉由權力進行掠奪（強制奪取）的制度。

> 「勞動日是每天二十四小時（略），扣除少量休息時間後的時間。」

Kapital 23

資本主義的誕生是拜勞動者誕生之賜

資本主義的起源是一場腥風血雨

《資本論》中寫道：「資本主義在美國並未發展。」對於生活在現代資本主義社會的我們來說，美國幾乎成為資本主義的代名詞，因此不禁會疑惑這句話是什麼意思？但回顧歷史，在美國建國初期，資本主義的確尚未發展起來。

那麼，資本主義是怎麼發展起來的呢？正如「G→W→G´」所示，貨幣轉化為資本，產生剩餘價值，而這些剩餘價值又進一步轉化為資本。然而，這個循環的前提，是必須有人擁有「最初成為資本的貨幣」。**馬克思指出，最初的資本累積是依賴「侵略、征服、搶奪、殺人」等暴力手段。**

封建社會瓦解，勞動者就誕生了

在貨幣經濟尚未滲透之前，歐洲還是封建社會。然而，隨著貨幣經濟的發展，有些農奴開始擁有貨幣，他們向領主繳納金錢來換取自由。

原典對照

第7篇〈資本的累積過程〉
第24章〈所謂原始累積〉

【封建社會】

封建社會可分為西歐型與東歐型兩種。西歐型封建社會是農民向領主繳納年貢的契約關係。換句話說，農民並非農奴，其特徵是擁有一定程度的自由。

相較之下，東歐則是以農奴制為主的主從關係。在西歐，這種封建關係催

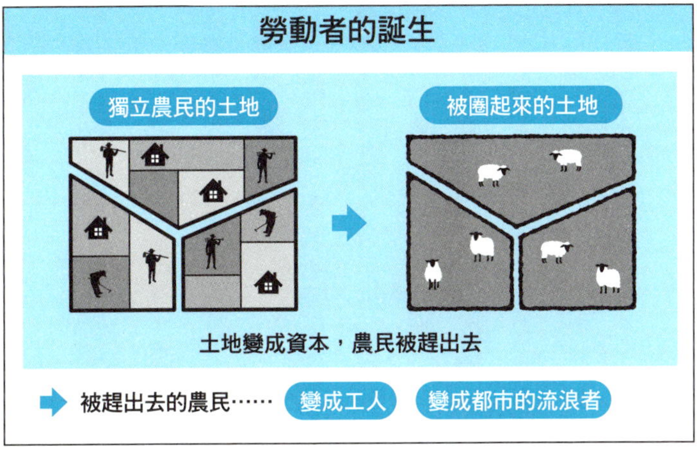
勞動者的誕生
獨立農民的土地
被圈起來的土地
土地變成資本，農民被趕出去
被趕出去的農民……
變成工人
變成都市的流浪者

十四世紀末，那些擺脫農奴身分的人，最初就是在自己的土地上耕作，過著自給自足的生活。

但到了十五世紀，隨著羊毛的需求高漲，大地主們紛紛把耕地改為牧場，原本的農民就被趕出土地。

這些農民表面上獲得了自由，實則被奪走土地——**他們要麼前往都市到工廠做工，要麼留在被國家或資本家掠奪的土地上，為地主工作。**也就是說，他們雖然擺脫了對土地的依附，獲得自由，但同時也被剝奪了原本的生產手段，成為勞動者。

至於美國的資本主義，我們會將在下一節繼續探討。

「所謂原始累積，無非是生產者與生產手段歷史性的分離過程。」

生了土地買賣，導致封建制度瓦解，而東歐就未如此發展。

【農奴解放】指農民從受土地束縛的關係中獲得解放。解放後的農民獲得自由之身，也稱為「農民解放」。

農民被迫離開土地，就是馬克思所說的分離過程。

Kapital 24

資本主義的本質就是掠奪一切

移民者的天堂——美國

終於說到美國了。馬克思在《資本論》第7篇第25章中，以「現代殖民理論」為題，論述了殖民地的獨立生產者如何逐步瓦解，並闡明了資本主義在美國未能發展的原因，以及資本主義的本質。

簡單來說，**資本主義在美國未能發展，是因為獨立生產者能維持其獨立生產者的身分。**美國有許多自營農場，農民過著自給自足的生活，幾乎不需要買賣商品。此外，地大物博、價格低廉也是原因之一。勞動者移民到這裡，可以購買土地，成為獨立生產者。

英國政治家威克菲爾德曾指出，不論殖民地擁有何種勞動者或生產手段，若無法建立一個僅擁有勞動力的勞動者機制，資本主義就無法扎根。

因為資本主義並不是物品，而是藉由物品作為人與人之間社會關係的橋樑。因此，美國最初並未發展出資本主義。

原典對照

第7篇《資本的累積過程》

第25章《現代殖民理論》

【殖民地】

日文的漢字為「植民地」，原本是指離開故鄉的人在移居地所形成的社會。到了近代，則是指與母國在政治上為從屬關係的地區。可分成屬領、保護國、租借地、委任統治、信託統治等各種型態。

摧毀獨立生產者的方法

由於人民容易取得土地、能夠自給自足，因此無需為資本家工作，導致資本主義難以扎根。明白這一點後，接下來要問的是：那麼，資本主義要如何扎根呢？

方法其實很簡單——奪走土地與生產手段，獨立生產者就會瓦解。方法有兩個：第一，透過軍事力量強行破壞殖民地的制度；第二，向殖民地大量輸入移民，並以都市為中心推行資本主義制度。

於是，有組織的移民政策開始實施。大量移民被送往殖民地，美國遂建立起「不從事一定程度的勞動，就不能擁有土地」的制度。換句話說，移民無法再輕易獲得土地。

隨著美國內戰爆發，政府大量發行國債，並對國民課以重稅。同時，金融業迅速發展，資本迅速集中。就這樣，資本主義便在美國逐步扎根。

由此可見，資本主義的本質就是「掠奪」。但馬克思「看得更遠」——**他預見「從掠奪者手中奪回一切」的時刻終將來臨，也揭示了未來社會將會如何建構。**

> 「資本主義的私有制是破壞基於自身勞動的私有制，也就是以剝削勞動者為條件。」

【國債】

為了補足國家財政上必要的經費而發行的債券。

債券是國家、地方公共團體或獨立行政法人等在籌措資金時發行的有價證券，其本金償還與利息支付等條件均有明確規定。購買後，持有者可定期獲得利息，並在期滿時獲得債券上所記載金額的償還保證。

那麼……「morpho」事務所的新工作要開始囉！
託大家的福，員工又增加了。
我們要更認真工作才行。
那麼大家——
請多多指教！

請多多指教！
不過，真的越來越像樣了呢。
我們終於像一間正經公司了吧？
哈，雖然我的工作完全沒變～

我要設計出穿了可以改變人生的衣服！
new elle style
妳還是老樣子呢……
就靠妳了，真的！
可愛可愛
哈哈哈
拍
畢竟我是五代姐的左右手啊！
那麼，我要去忙囉……
啊！
有件事我想問妳……可以嗎？

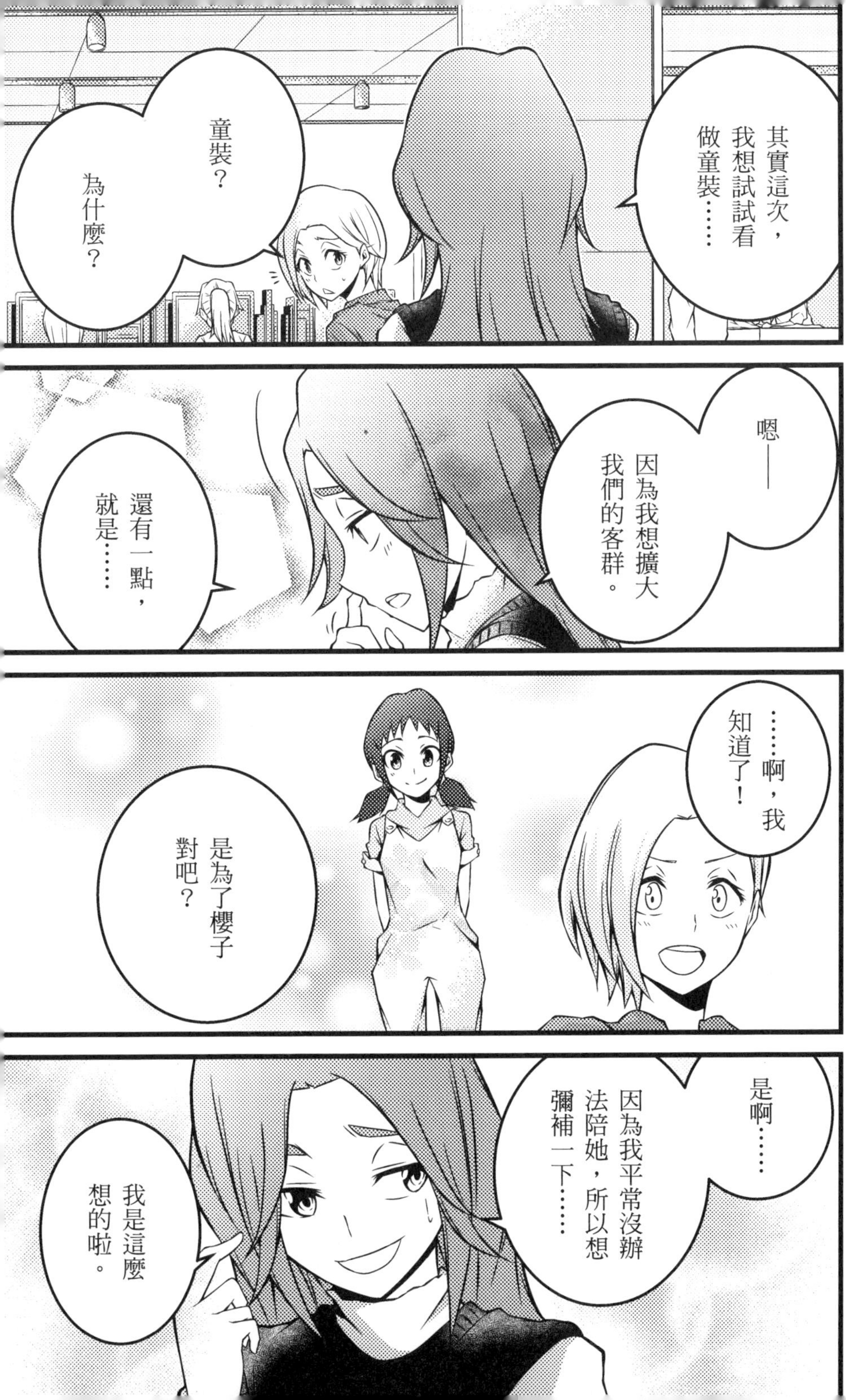
其實這次，我想試試看做童裝……
童裝？為什麼？
嗯——因為我想擴大我們的客群。
還有一點，就是……
……啊，我知道了！
是為了櫻子對吧？
是啊……因為我平常沒辦法陪她，所以想彌補一下……
我是這麼想的啦。

希望櫻子能因為這樣，理解媽媽的工作……
讓她為此感到驕傲……
這麼做應該行得通吧？
雖然我明白，這只是我一廂情願的想法。
妳覺得怎麼樣？
拍
我覺得很棒呀，櫻子一定會明白的啦！
妳的這份心意，也會傳達給客人喔！
「為每個人製作舒適獨特的衣服」
這不正是五代姐的理念嗎？

謝謝妳……
緊握……
翔子，有妳在真是太好了！
幹嘛這麼客氣……
這樣怪不好意思的啦！
拍
拍
好——那麼新事務所的第一個任務，
就是設計出櫻子可以穿的衣服！

馬克思的著作介紹

從經濟史說明革命發生的必然性

《共產黨宣言》

1847 年，馬克思加入在英國成立的「共產主義者同盟」。《共產黨宣言》作為該組織的綱領，於 1848 年 2 月至 3 月間出版。然而，由於當時正逢法國二月革命爆發，因此並未受到太多關注。

執筆時的馬克思，年僅二十九歲，內容充滿熱血煽動的色彩。在分析經濟發展史及工業革命後的社會變遷時，他也論述了革命發生的必然性，這部分包含了許多可視為《資本論》原型的要素。

在這本書中，馬克思指出人類的歷史，就是不斷重複的階級鬥爭。所謂的階級鬥爭，就像人民或奴隸等被支配階級，推翻了王公貴族等統治階級。馬克思將當時最新的階級對立，視為是資本主義發展下興起的產業資產階級，與受其支配的無產階級（勞動者階級）之間的對抗，並主張必須徹底消除這種階級對立。

他還明確指出，共產主義者應透過革命促使國家將土地、金融資產及主要產業加以組織化。例如依財產多寡課徵累進稅、提供免費的公眾教育、禁止童工等，這些主張許多都成為後來各國政府施行的政策。

在當時歐洲各國的政治勢力中，共產主義者的立場十分明確。他們點名應被推翻的對象包括保守的資產階級、君主專制政權與封建土地所有制，並表示共產主義者將與各國的民主政黨攜手奮鬥。

最後，本書更公然宣示無產階級將奪取權力，而最為人熟知的便是結尾的口號——各地的勞動者們，團結起來吧！

第2章

資本主義的結構與勞動者

——公司的成長與工作的變化

五代決定擴大公司規模！

創業後的第六年
叮——叮——♪
抱歉，我來晚了！
唉，我還以為是我太早到了。
呃，對不起啦……最近我真的有點忙。
社長是應該要忙一點啦！
哼
唉——唷——
今天我請客，妳就饒了我吧！

資本家總是在追求利益↓P98

嗯……為什麼妳想擴大規模？
我覺得這不太像妳的個性。
妳說的沒錯，但我想拓展客源……
得盡量滿足品牌忠實顧客的需求才行。
以目前的規模來說，我們能做的實在很有限。
嗯嗯……我們公司（uninoir）的例子，
不知道值不值得參考，妳聽聽看好了。
真的嗎，太好了！
來，多喝點多喝點！
這裡不是居酒屋好嗎……
滑…
咚
是是……

我們公司把縫製的工作，全權交給海外工廠去做。
這麼一來，製造成本比國內便宜，省下來的成本又可以雇用更多人。
嗯——海外啊……
大型工業會利用其他國家來製造→ P140
怎麼樣……
這個做法跟妳的想法不一樣對吧。

還有一個很大的差別，就是分工制度。
分工？
對，例如有專門負責縫製的人、
專門負責熨燙的人，
還有專門負責染布的人。
……像這樣，把製作流程簡化，然後分派出去。

分工協作會更有效率→P100

Wind City
比起一個人從頭到尾包辦、完成一件衣服，分工的效率好太多了！
同樣的時間內，可以多做很多件衣服。
按
嗯……原來如此。
妳無法接受嗎？
是啊……心情上啦，像這種大量生產的衣服，我實在……
但是——想擴大公司規模，就必須這麼做。
這是必經之路！

関レイラ
啊，是我們家的衣服！
好開心……
穿uninoir的人還真多啊……
雖然我知道很多人穿，
但沒想到有這麼多……

有必要違背自己的想法，去擴大公司嗎……
真的要這麼做嗎……
但我希望能滿足更多顧客的需求……
也希望能讓更多人喜歡我們的衣服……
但是——想擴大公司規模，就必須這麼做。
這是必經之路！
該擴大公司規模……
嗎？

Kapital 25 資本家要增加剩餘價值就必須擴大公司規模

生產量增加多少，利潤就會增加多少

自五代創業以來，已經過了六年。雖然漫畫中並未明確描繪morpho會發展成多大規模的企業，但至少它已經營了六年，應當算是順利發展了。

在這種情況下，五代開始考慮擴大公司規模，並找人商量此事。這或許是必然的趨勢，畢竟資本家總是追求更多利益。雖然不能一概而論，但一般來說，公司規模擴大，利潤通常也會增加。然而，對五代而言，擴大公司並非目的，而是達成某個目的的手段。

若morpho的品牌力夠強大，單件服裝能賣到數百萬圓，那麼擴大公司或許是輕而易舉的事。但若不是如此的話，就只能想辦法增加銷售量了。又或者說，即便服裝能以數百萬圓售出，但想再提升利潤的話，最直接的方法就是增加商品的生產量。

五代為了某個目的，想擴大公司規模、增聘員工、增加商品的生產量。換言之，她想增加剩餘價值，更準確地說，她想增加「絕對剩餘價值」。

原典對照

第3篇〈絕對剩餘價值的生產〉

第5章〈勞動過程和價值增殖過程〉

【廢棄衣物的問題】

當衣物變得極為廉價時，會導致大量廢棄的問題。日本每年約有140萬噸的衣物被丟棄，其中有80%會被焚燒或掩埋。

這些廢棄衣物又分為在製造過程中產生的纖維廢棄物，以及成衣的廢棄物。前者可以回收再利

一天能創造的絕對剩餘價值有其極限

勞動者為了勞動力的再生產所需價值而進行的勞動，稱為「必要勞動」，其過程稱為「價值形成過程」。在這個階段，尚未產生剩餘價值。當勞動者的勞動超越價值形成過程、繼續創造價值時，便稱為「價值增殖過程」，此時，剩餘價值便出現了。

簡單來說，**勞動者工作的時間越長，就會產生越多的剩餘價值。**尤其是所謂的「絕對剩餘價值」，指的便是透過延長勞動時間所創造的剩餘價值。

若資本家想獲得更高的收益，就會想辦法增加絕對剩餘價值。假設勞動者的必要勞動時間與剩餘勞動時間合計為8小時，那麼如果讓他們工作12小時，就能再獲得4小時的剩餘價值。然而，一天只有24小時，而且現在還有《勞動基準法》限制勞動時間，因此這種方法有其極限。

那麼，**怎麼樣才能增加絕對剩餘價值呢？很簡單，只要增加勞動人數即可。**勞動者增加，生產量也會增加，如此就能增加絕對剩餘價值。然而，這種扭曲的擴張，以現代服飾業來說，就帶來了衣物廢棄等問題。

> 「如今，問題不再是勞動的品質、狀態或內容，而只不過是量的問題罷了。」

用，後者就較難回收。根據2017年日本環境省的報告，衣料廢棄物的總量是147萬噸，推測可回收利用量是29萬噸。儘管每年產生這麼多的衣料廢棄物，但成衣市場卻未隨之擴大，原因在於快時尚的興起，以及業界「退貨庫存不可再販售」的慣例所致。

Kapital
26 分工與協作大幅提升製造業的生產效率

原典對照
第4篇〈相對剩餘價值的生產〉
第12章〈分工和工廠手工業〉

當農場都變成了牧場……

封建社會瓦解之後，家庭手工業興起，隨後又發展出問屋制家內工業，其概念與現代的副業相似。

到了十五世紀末，羊毛的需求高漲，毛織產業蓬勃發展。領主們紛紛將農地改為牧場，農民被迫離開原本的土地。這股潮流從十五世紀末持續到十六世紀，即所謂的第一次圈地運動。到了十六世紀後半，英國開始出現工廠手工業。

建造工廠並召集勞動者的資本家

由於這些被驅離的農民轉為勞動者，讓工廠手工業得以興起。**工廠手工業的經營者（資本家）建造了工廠，召集了手工業勞動者在工廠中生產商品。其特徵在於分工與協作。**分工就如同問屋制家內工業，將生產流程細分，指派給不同的勞動者負責。相較於一個人包辦所有製作流程，這種作業方式更有效率。至於協作，就是協力工作之意。在同一間工

【副業】
指為了賺取額外收入而從事本業之外的工作。現代多指專門負責家務的人，為貼補家用，在家從事的家庭勞動——通常由製造業者或批發商提供原材料或工具設備，勞動者則在家中進行製造與加工，實質上屬於問屋制家內工業。

「基於分工的協作，是工廠手工業的典型樣貌。」

各種手工業勞動的區別

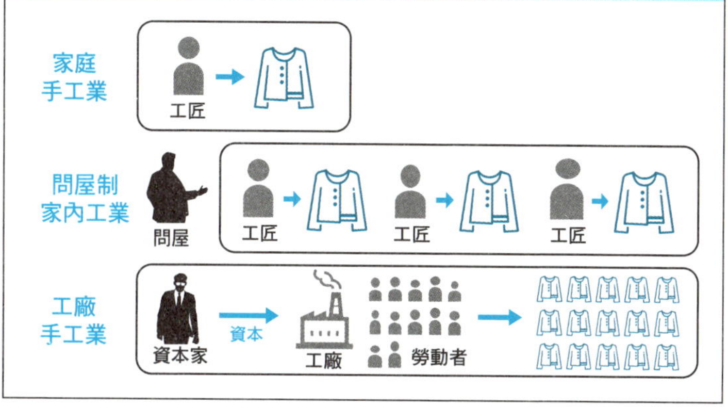
家庭手工業
工匠
問屋制家內工業
問屋
工匠
工匠
工匠
工廠手工業
資本家
資本
工廠
勞動者

廠內，勞動者集結於一處進行生產，提高整體生產力。

家庭手工業是在單一家庭內完成所有工序，因此效率不佳。雖然問屋制家內工業導入了分工，但仍面臨商品無法如期交付、不同家庭生產速度不一的問題。因此，**擁有生產手段的資本家開始以工資雇用勞動者，在工廠內集中生產，這便是資本主義的雛形。**

工廠手工業也被稱為「製造業」（manufacture）。與透過商品流通來獲取商業資本的商業資本家不同，工廠手工業的資本家投入的是從商品生產過程中獲得利潤的資本（產業資本），因此也稱為產業資本家。

1970年，日本政府為了保護家內勞動者，實施了《家庭勞動法》。由於家庭勞動者的工資低廉，且經常處於弱勢，例如工資支付方式不穩定、委託契約可能隨時遭到終止等，因此政府制定了各種規範來保障他們的權益。

我們公司現在正處於工廠手工業的階段吧！

Kapital 27

產品是因為人類的勞動才被賦予價值

原典對照
第3篇〈絕對剩餘價值的生產〉
第6章〈不變資本和可變資本〉

勞動對象與勞動手段齊備，才能構成「生產手段」

談到資本主義時，一定會提到「剝削」或「勞動」這些詞彙，但事實上，「勞動」早在資本主義出現之前就已經存在。在自然界中，將自然之物改造為自己可使用之物（即生產），就稱為勞動。

如同第72頁所述，作為原料的物品稱為「勞動對象」，而使用的工具與設備則稱為「勞動手段」（燃料等物稱為輔助材料）。這兩者結合在一起，才會構成「生產手段」。以漫畫中的morpho為例，布料或絲線等製作衣服的材料，就是勞動對象；而五代及員工所使用的電腦、縫紉機等，則是勞動手段。

產品會產生新的價值

那麼，所謂的勞動是什麼呢？根據馬克思的說法，產品（即商品）之所以具有價值，是因為內含人類的勞動。換言之，任何產品都因為人類的勞動而被賦予價值。

【輔助材料】

機器或工具運作所必需的材料。

在馬克思的時代，這類材料包括蒸汽機運作所需的煤炭、車輪或機器所需的潤滑油、馬匹吃的乾草等。

在現代則相當於汽油、電力等。

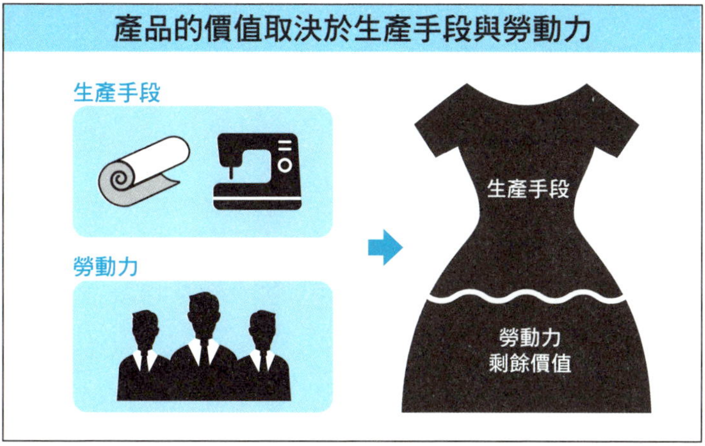
產品的價值取決於生產手段與勞動力
生產手段
勞動力
生產手段
勞動力
剩餘價值

生產手段的價值會被轉移，並透過勞動力附加新的價值。

生產手段原有的價值，是勞動而來的產品價值的一部分。也就是說，價值在勞動過程中發生轉移，而這種價值轉移的過程即是勞動。**這種勞動有兩個層面：第一，是具體的生產作業——根據勞動的質，將生產手段的價值轉移到新產品上；第二，是根據勞動的量，賦予產品比原生產手段價值更高的附加價值。**

作為勞動手段的材料與工具，本身也是某種產品，理所當然擁有價值。而使用這些東西來生產新產品，則意味著過去的勞動（價值）參與了新的價值創造。然而，**馬克思認為，並不是過去的勞動所創造的產品本身產生價值，而是藉由當下的勞動，使價值得以轉移，從而創造出新價值。**

【價值轉移】
生產產品時所使用的生產手段，其價值會直接轉移到產品上，並在產品出售時回收。

「僅透過勞動量的增加，新的價值就會附加進來，而原本的價值則被保存在產品之中。」

我們是為了
附加價值而
努力工作！

Kapital 28
原料及製造工具的價值會轉移到產品上

轉移價值的勞動，所需的人事費稱為「可變資本」

從前頁的說明可知，為了生產產品所使用的生產手段之價值，並不直接等同於產品的價值。例如，將價值1萬圓的布料加工製成衣服，布料的1萬圓價值會轉移到衣服上。然而，**使用1萬圓布料的衣服，實際上並不會以1萬圓的價格出售。這是因為投入勞動者的勞動之後，會產生額外的價值。而這種勞動力的成本，也就是人事費，被稱為「可變資本」。**

原材料和設備等的價值不會改變

另一方面，**原材料費和設備等資本的價值，則稱為「不變資本」。**所謂「不變」的是指什麼呢？讓我們從生產手段的角度來思考。

以布料加工製成衣服為例，可能不容易察覺其中的價值轉移過程。不過，**假設設計衣服時使用了電腦，電腦本身也是一種生產手段。電腦並不會因為被使用一次就消失，那麼**

原典對照
第3篇〈絕對剩餘價值的生產〉
第6章〈不變資本和可變資本〉

【原料】
製造某種物品所需的原始物質。在成為產品後，原本的形狀或性質將不再保留。例如，洗潔劑的原料是石油、筆記本的原料是紙。

【材料】
製造物品時作為基礎使用的物品。在成為產品

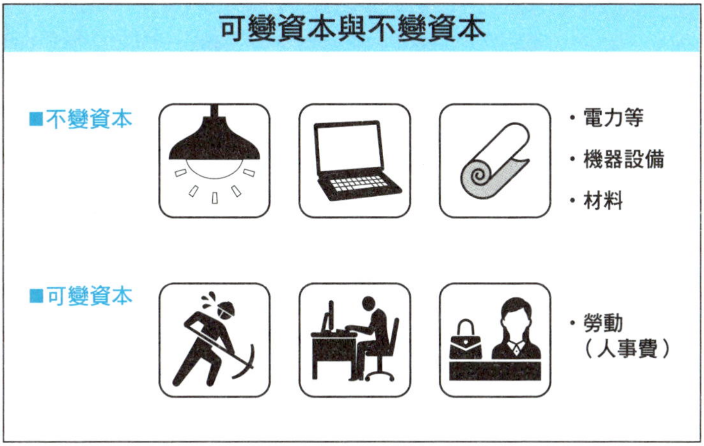
可變資本與不變資本
■不變資本
・電力等
・機器設備
・材料
■可變資本
・勞動
（人事費）

「區分爲生產手段及勞動力在同一資本構成的各部分，
從價值增殖過程的角度，被區分爲不變資本與可變資本。」

它的價值又是如何轉移到產品上的呢？

以現代企業會計的「折舊」概念來思考，就會更容易理解。根據日本的稅法，電腦的使用壽命為四年。若購買一台價值10萬圓的電腦，其價值會按10萬圓（365日×4）來攤提，因此每天約有68．5圓的價值轉移到產品上。

原材料和電腦等設備，無論怎麼使用，其價值都不會改變。原本是產品的生產手段，其價值只是透過使用，轉移到新的產品上而已。

布料、金屬、木材等原材料，以及進行加工所用的機器，甚至是讓設備運轉所需的電力等都一樣，皆是價值不會改變的「不變資本」。

後，仍保有原本的形狀或性質。例如，餐點中所使用的食材。

【原材料】
泛指「原料」與「材料」。當難以判斷某物在最終產品中保留多少原形，或同一物品可同時被視為原料或材料時，就會使用「原材料」一詞來涵蓋兩者。

人事費是可變資本啊……

Kapital 29

突破工時極限的方法是增加勞動者數量

資本家會把買來的勞動力發揮到極限

勞動者工作的時間，稱為「勞動日」。日本的徵才啟事上都會標明勞動時間。但勞動日究竟是怎麼決定出來的呢？

我們複習一下：勞動者是出售勞動力的人，而勞動力是一種特殊商品，具有增殖價值的特性。因此，**資本家會想辦法把買來的勞動力發揮到極限，藉此獲得更多剩餘價值（利潤），而這就導致勞動者的勞動時間不斷延長。**如果勞動者只在必要勞動時間內工作，資本家就無法獲得任何利益。因此，資本家必須增加能創造剩餘價值的「剩餘勞動時間」。

另一方面，勞動者則希望縮短勞動時間。勞動日便是雙方相互妥協的結果。換言之，**勞動日是資本家與勞動者雙方激烈角力後的產物。**

勞動日有二十四小時的限制

資本家希望剩餘勞動時間越長越好，因為這代表他們的利潤得以增加。而不在意勞動

原典對照
第3篇〈絕對剩餘價值的生產〉
第8章〈勞動日〉

【殘酷驅使】

讓人、馬車或機器等工作至超過其極限，為極度逼迫勞動之意。資本家經常如此驅使勞動者。資本家購買的並非是勞動者，而是其勞動力。若這種否定人格的行為持續下去，就會發生問題。

「勞動日不能延長到超過其上限。」

資本家增加剩餘價值的方法

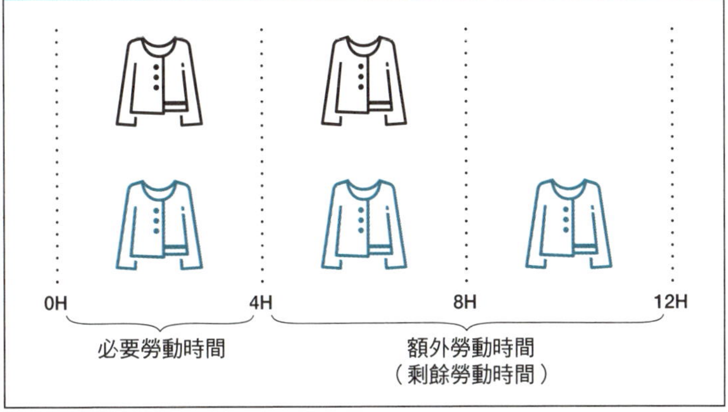
0H
4H
8H
12H
必要勞動時間
額外勞動時間
（剩餘勞動時間）

剩餘勞動時間越長，剩餘價值就越高。

者權益的資本家，自然會要求勞動者工作到最大極限。不過，剩餘勞動時間也不能毫無限制地增加，因為一天就只有24小時。

人跟機器不同，不是只要有燃料或電源就能全天候不停運作。過度勞動會導致身心崩潰，最終反而得不償失。即便不論對錯，若勞動者折損之後仍有源源不絕的人來接替，或許這種模式還可行，但這在現實中幾乎不可能。

因此，**最實際的做法就是增加勞動者的數量。**就算讓工廠內的機器24小時運轉，也不可能讓一個勞動者不眠不休地工作24小時。但若是雇用三個人，每人輪流工作8小時，生產就能持續進行了。

uni noir
當然有遵守
勞動基準法！

【過重勞動】

指超過限度的長時間勞動、頻繁出差或時間不固定的勤務等，這是讓勞動者身心承受過度負擔的工作形態。「過重勞動」沒有明確的判定標準，但因過重勞動引發的疾病、身故、自殺等，通稱為「過勞死」。勞動者災害補償保險的過勞死認定標準為：發病前一個月的超時勞動超過100小時，或在2至6個月內，平均每月超過80小時等。

Kapital 30

馬克思那個年代的地獄勞動現場

資本就像啃食勞動者的吸血鬼

站在資本家的立場來看，他們買來的勞動力當然可以任意使用，甚至應該將之發揮到極限，否則就太可惜了。

但對勞動者來說，這卻是難以忍受的事——勞動力被榨取至極限，結果不是死亡，就是身心崩潰。那麼，勞動本身是壞事嗎？並非如此。勞動在世界任何一個地方都存在，而且是必要的。馬克思寫道：「資本主義來到世上後，勞動才變得悲慘。」

例如，瓦拉幾亞（羅馬尼亞南部地區）的農民必須服徭役，這是他們向貴族繳納稅金的方式。然而，即使要服徭役，還是有其他的勞動要做。他們還必須耕作自己的田地。根據最初的規定，徭役勞動應該只占一年中的短暫時間。然而，這個比例卻漸漸提高，使得農民耕作自己田地的時間越來越少。貴族對剩餘價值的慾望無窮無盡，就像是啃食農民生命來滋養自己的吸血鬼。

原典對照

第3篇《絕對剩餘價值的生產》
第8章〈勞動日〉

【過勞死】

因長時間或高密度的工作，引發身心壓力而致死。其中大多為腦血管或心臟疾病，也包含因過勞引發的精神障礙性自殺（過勞自殺）。2014年，日本政府制定《過勞死等防治對策推進法》，首次在法律上對過勞死做出明確定義。

勞動者難以遵守限制工時的法規

另一方面，**英國頒布了限制每日勞動時間的《工廠法》，政府明確表達「不允許剝削」的立場。**

在馬克思生活的1867年，別說有週休二日，一天工作10小時是很正常的事。從星期一到星期六，勞動者每週的工時高達60小時。在《工廠法》制定之前，12小時工作制才是常態，因此勞動者所受的剝削看似已有所改善。工作10小時看起來好像比瓦拉幾亞的徭役制度好多了，但事實並非如此。

在《工廠法》頒布之後，政府為了確保工廠遵守法定的勞動時間，設立了工廠監督官一職。馬克思閱讀了工廠監督官的報告，並記錄了當時的實際狀況——**許多工廠並未遵守法定的勞動時間，甚至惡劣到連勞動者的用餐時間都被縮短到幾分鐘而已，剝削依然持續著。**日本雖然也是過勞死大國，但至少現在有「36協定」，勞動條件仍優於當時的英國。

過勞死不僅發生在日本，歐美等地也有類似案例，但日本尤其嚴重，甚至讓「KAROUSHI」一詞成為國際通用語，實在令人慚愧。

【36協定】
指勞資雙方就超時勞動與假日出勤等事項所簽訂的協定。因其依據日本《勞動基準法》第三十六條，故稱為「36協定」。

> 「資本是死的，唯有透過吸收活生生的勞動，它才會愈發充滿活力。」

Kapital 31

沒受過教育的勞動者會被剝削得更徹底

連休息吃飯的時間都被剝奪

在《資本論》第3篇第8章的〈勞動日〉中，馬克思描寫了勞動者們的悲慘現狀。現代的日本勞動者有《勞動基準法》、法定標準勞動日，還有工會的保障，因此難以想像當時的慘況。尤其是童工的處境，用「殘酷」二字都不足以形容其悲慘。這裡引用馬克思在書中轉載的一段話：

「這個孩子七歲時，我背著他在雪地裡來回奔波。他每天要工作16小時。當他在機器旁作業時，我只能跪著餵他吃飯。因為我們不能讓機器停止，也不能離開。」

以現代日本人的觀點來看，七歲就要被迫工作，實在是駭人聽聞，更何況還得工作16小時，連休息吃飯的時間都不被允許。如此殘酷的情景讓人難以想像，用「剝削」一詞也無法形容這樣的淒慘，但這就是那個時代的現實。

此外，在某間蕾絲工廠，九歲、十歲的孩子們凌晨兩點到四點就會被叫醒，而他們前一天晚上才被迫工作到十點甚至十二點。這些正值成長期的孩子，個個骨瘦如柴、身形佝

原典對照
第3篇〈絕對剩餘價值的生產〉
第8章〈勞動日〉

【標準勞動日】
指由國家法律，或具約束力的勞動協約所規定的每日勞動時間。資本主義誕生之後，勞動時間變得越來越長，一天工作16小時等情況一度成為常態。由於大量雇用兒童與女性，弊害日益嚴重，促使人們發起運動，要求透過法律加以規範。經過長期

僂，面容也越來越憔悴。他們的床鋪骯髒不堪，根本無法充分休息。在這種環境下工作的童工，已經感受不到他們的人性，宛如機器一般被操控著。

製陶工廠的勞動環境也很惡劣。在二十歲以上死於肺病的男性中，有一半都是陶工，甚至有句話說：「陶工都是一代比一代矮小虛弱。」

因為無知，所以不會反抗

為什麼會有如此殘酷的剝削呢？答案很簡單，**因為童工的工資很便宜，而且他們不會反抗。這些孩子根本沒有受教育的機會。**一個英國少年說：「我住的地方不是英國。我聽過英國，但我對它一無所知。」另一個少年則說：「4的4倍是8，4乘4是16。國王是擁有許多金銀財寶的人，這個國家有國王和公主。公主好像嫁給了國王的兒子。公主是男的。」他說的話雜亂無章，毫無邏輯——他們完全處於無知的狀態，因此對自己被剝削的現狀毫無疑問，只是按照指示工作，不斷燃燒自己的生命。

> 「一般來說，工廠主事者只要聽到『至少用餐時讓機器暫停一下』的提議，總會憤怒地反對。」

的鬥爭，最終確立了標準勞動日的制度。

【工會】
指勞動階級為了維持和改善工資、勞動時間及自身的工作與生活條件，而自主集結而成的組織。工會是保障勞工權益不可或缺的單位。日本的工會運動始於日清戰爭之後。

Kapital 32

勞動者會以不同形式被資本家壓榨

為了工時，勞動者與資本家展開長期鬥爭

勞動者認為，只要一天當中工作了一定時間，剩下的時間就能休息或娛樂。但資本家的想法完全相反。**他們總是在盤算，在一天24小時之內，能刪減多少勞動者的休息時間、再增加多少工作時間。**

對資本家來說，增加剩餘價值來獲取利益、擴大資本才是一切。**他們之所以讓勞動者休息，只是因為不這麼做的話，勞動者就無法繼續工作，這完全是出於不得已的考量。**

英國在十四世紀中葉到十七世紀末時，曾頒布《勞動者制定法》，其背景是因為當時的人口減少，導致工資上漲，因此國家推行該法來強制勞動者以低廉的工資從事勞動。然而，勞動者不再選擇沉默。在長期抗爭後，1833年終於促成《工廠法》的制定，成功爭取到早上5點半到晚上8點半的勞動時間，並禁止夜間勞動。

但是，資本家對此並不滿意，他們找到規避法律的手段，例如推行輪班制度。此外，即便違法，工廠主事者還能在法庭上充當法官，很容易在訴訟中獲得無罪的判決。

原典對照

第3篇〈絕對剩餘價值的生產〉
第8章〈勞動日〉

【輪班制】
將勞動者分成兩組以上，輪流從事同一作業的勤務制度。《工廠法》頒布之初，對未成年人的勞動時間也有所限制。但也有資本家會利用兩組童工輪流工作，藉此鑽漏洞來規避法律。

即使到了現代，黑心企業仍在剝削勞動者

回頭來看現代的情形。日本為了保障勞動者，在1947年頒布《勞動基準法》。令人驚訝的是，該法施行至今還不到一百年。包括最低工資、8小時工作制、男女雇用機會均等的規範，歷經多次修訂，乍看之下似乎已發揮效力。

然而，實際的情況又是如何呢？**今天的日本，與馬克思所處時代的英國相比，並沒有太大的不同。**相信大家都聽過「黑心企業」一詞，這是指那些重度勞動、職場霸凌、性騷擾、欠薪等，對勞動者進行身心壓榨的企業。

儘管大家都知道這些企業的問題，卻絲毫看不到改善的跡象。它們遊走在法律邊緣，以自身的利益為優先，持續剝削著勞動者，並向勞動者傳達「如果你連我們這裡都撐不住，去哪裡都一樣」這樣的訊息，**不斷在精神上驅使勞動者突破極限，培養聽話的員工。**此外，外籍勞工的問題也日益嚴重。想擺脫這樣的剝削環境，絕非易事。

「資本所關心的，僅有『單一勞動日內可流動的勞動力之最大限度』這件事。」

【外籍勞工】

指非本國籍的勞動者，除了短期打工的人，也包含定居當地的外國人。截至2022年，日本在農業等人力短缺的產業中，積極引進外籍勞工。因其雇用成本低於本國人，實際上是否有惡意剝削的情形，也成為社會關注的問題。

Kapital 33

增加勞動者的數量之後資本家會賺更多嗎？

原典對照
第3篇〈絕對剩餘價值的生產〉
第9章〈剩餘價值率和剩餘價值量〉

算出勞動者被剝削程度的「剩餘價值率」

馬克思將設備等「不變資本」記為c，人事費等「可變資本」記為v，「剩餘價值」記為m，而「c＋v＋m」這個算式，就代表「商品價值」。但對資本家來說，比起分析商品的價值，更重要的是在生產過程中能創造多少剩餘價值。

計算可創造剩餘價值比率的公式，就是「m（剩餘價值）÷v（可變資本）」。假設漫畫中morpho的員工，一天可創造10萬圓的銷售額，而布料等不變成本是8萬圓，支付給員工的工資是1萬圓，那麼剩下的1萬圓就是剩餘價值，即資本家的利益。

剩餘價值也可以說是資本家從勞動者身上剝削而來的價值。若套用前述的公式，就是**1萬圓（利益）÷1萬圓（工資）＝1（100％）——這表示勞動者被百分之百剝削。換言之，勞動者實際創造了2萬圓的價值，但其中有1萬圓被資本家拿走了。**這就是「剩餘價值率」。

【企業重組／裁員】

顧名思義，企業重組（restructuring）原本是指企業為了因應經濟環境變化而進行的事業重組，例如加強成長部門的資源分配、退出收益不彰的領域，或進行組織內部的編整等。

然而，在經濟不景氣時，企業往往會先採取最

「不是勞動者在使用生產手段，相反的，是生產手段在利用勞動者。」

計算出「剩餘價值率」

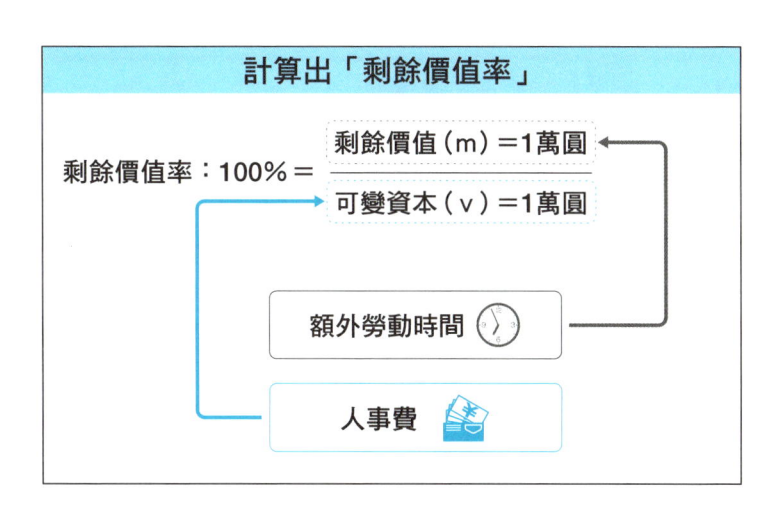

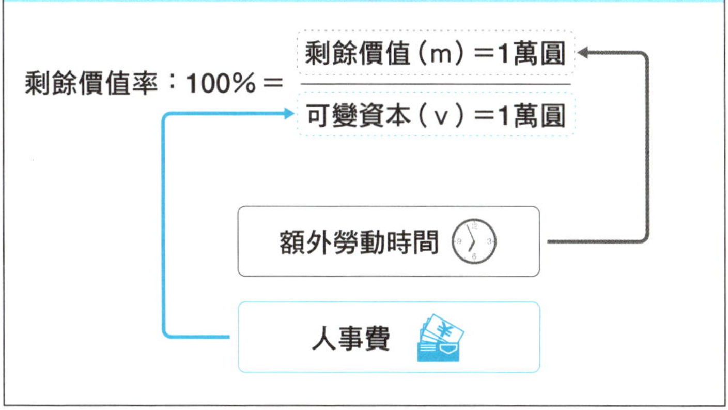
剩餘價值率：100%＝
剩餘價值（m）＝1萬圓
可變資本（v）＝1萬圓
額外勞動時間
人事費

與其增加人手，資本家選擇投資機器

資本家對利益的追求沒有止境，因此勢必要增加勞動時間。然而，勞動時間有24小時的限制，若要獲得更多剩餘價值，就只能增加總生產量。假設一個勞動者能創造1萬圓的利益，那麼兩名員工就能創造2萬圓，一百名員工則可創造100萬圓。換句話說，勞動者越多，資本家理應賺得越多。

但現實情況並非如此。**若雇用越多人就能賺得越多，那麼每間企業應該都人滿為患才對，但事實上並沒有。相反的，資本家會選擇投資機器設備（不變資本），甚至不惜裁員。**因為這與「相對剩餘價值」有關，下一節會進一步解說。

簡單且最有效的措施——刪減人事成本。結果便導致人員的縮編、解僱等。如今「重組」一詞已帶有「裁員」、「無理或單方面解僱」等負面含義。

一口氣要增加員工數量好像很困難呢！

五代越來越像社長了！

聚集勞動者，提升其競爭意願→P124

好！今天我們也一起加油吧！
準備好了♪
走吧
忙碌
忙碌
是是是…
嗞嗞
好的
是
社長——
前幾天那個案子……
嗯嗯，進行得怎麼樣？

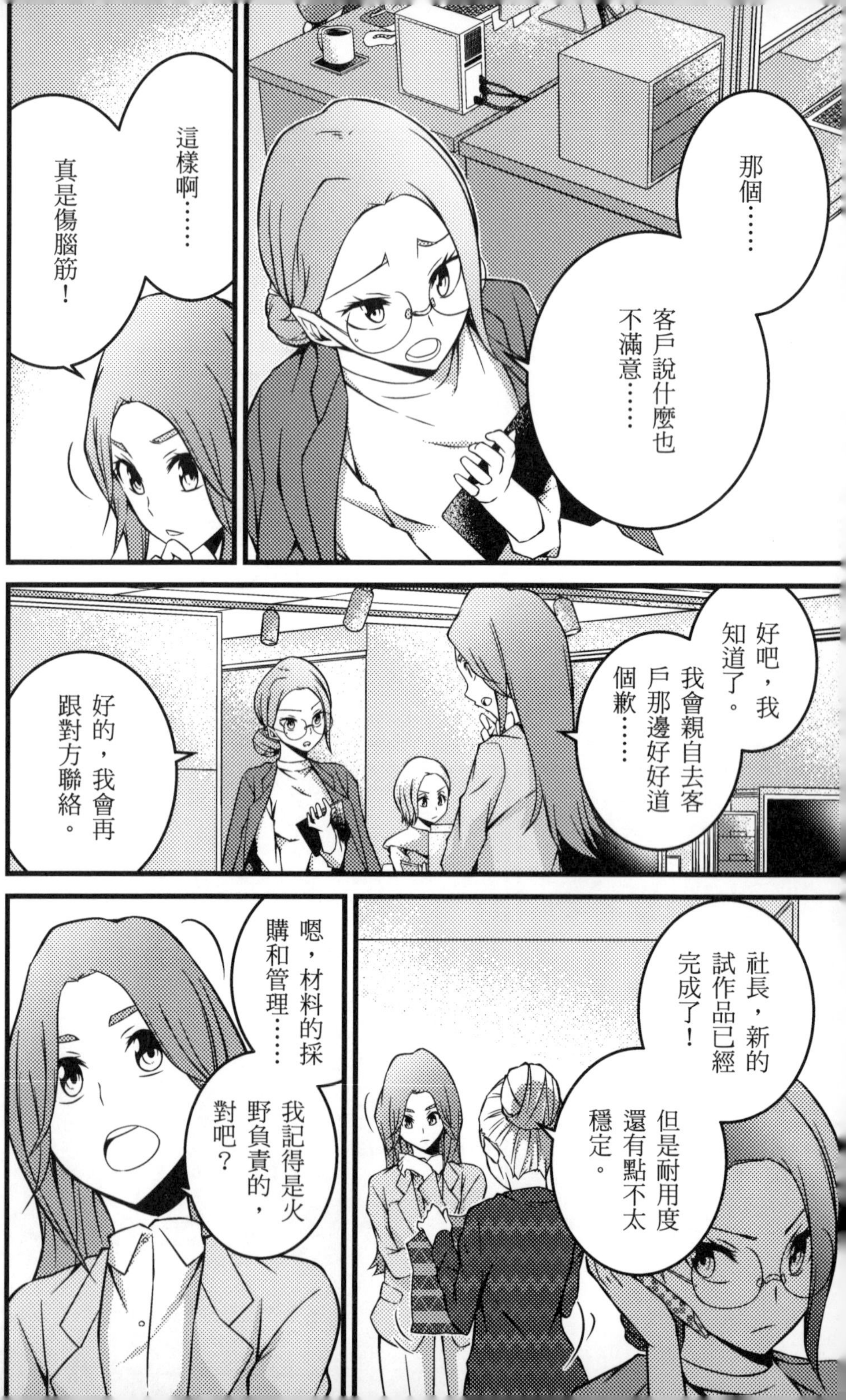
那個……
客戶說什麼也不滿意……
這樣啊……
真是傷腦筋！
好吧，我知道了。
我會親自去客戶那邊好好道個歉……
好的，我會再跟對方聯絡。
社長，新的試作品已經完成了！
但是耐用度還有點不太穩定。
嗯，材料的採購和管理……
我記得是火野負責的，對吧？

分工可讓品質保持一致↓P130

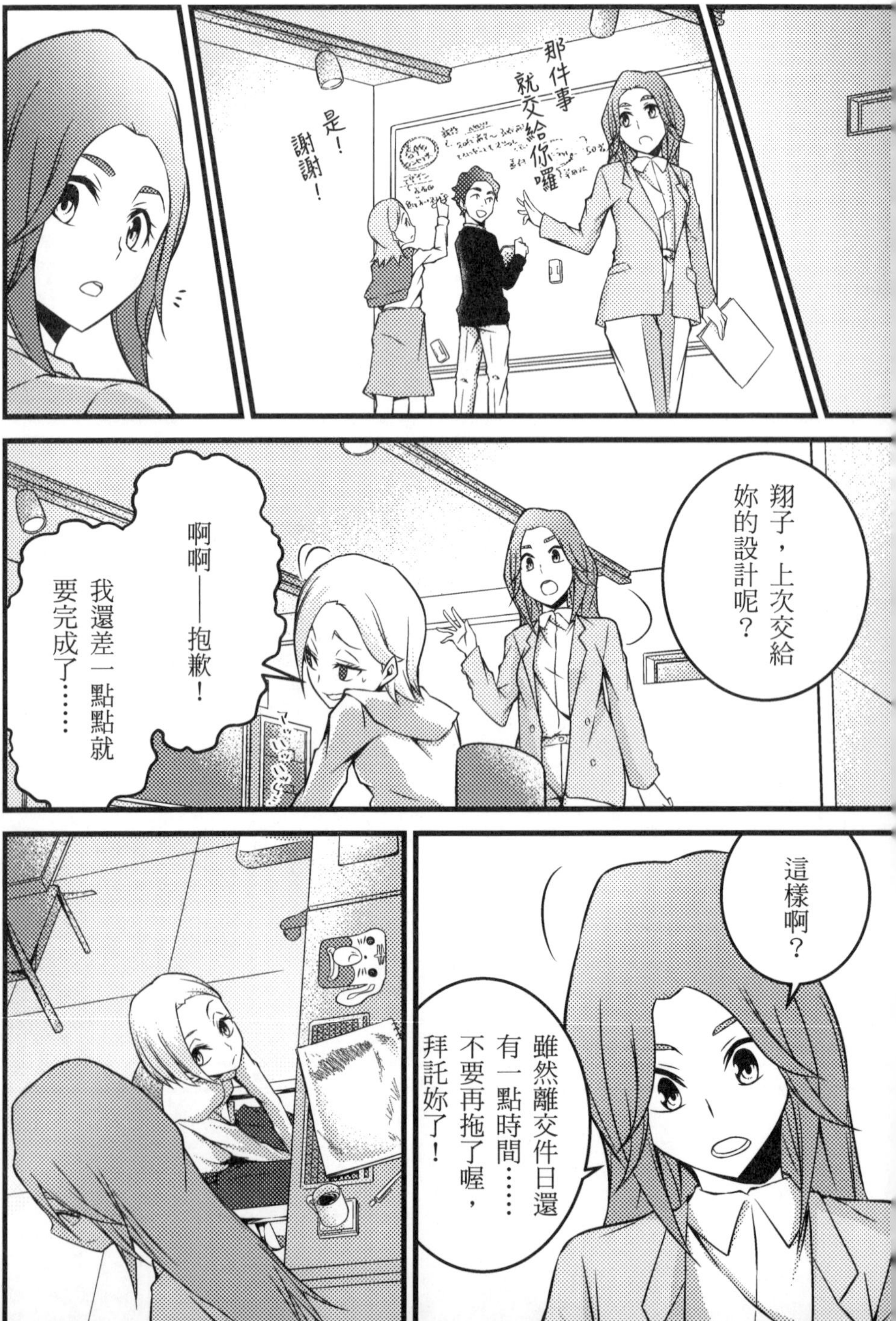
那件事就交給你囉
是！謝謝！
翔子，上次交給妳的設計呢？
啊啊——抱歉！
我還差一點點就要完成了……
這樣啊？
雖然離交件日還有一點時間……不要再拖了喔，拜託妳了！

資本家也被「商品」牽制著↓P162

Kapital 34

增加勞動強度就能榨出更多剩餘價值

從數量轉為質量，增加「相對剩餘價值」

第115頁提到了「相對剩餘價值」。至於「絕對剩餘價值」，指的是透過延長剩餘勞動時間所產生的剩餘價值，然而，一天只有24小時，不可能無限延長勞動時間。

那麼，是否有其他可以增加剩餘價值總量的方法呢？關鍵就在於「生產力」。假設morpho的員工每天工作8小時，工資為1萬圓。其中4小時可創造1萬圓的產值，另外4小時則創造1萬圓的剩餘價值。但如果那位員工的效率提升，使他2小時就創造出1萬圓的產值，這會發生什麼事呢？原本花4小時創造的剩餘價值，現在擴大為6小時的價值了——**勞動時間的總量不變，但剩餘價值的總量卻增加了。像這樣，透過縮短必要勞動時間所創造的額外剩餘價值，就稱為「相對剩餘價值」。**

勞動效率提升，勞動力的價值就會下降

再來看另一個例子。假設一名員工每天可以製作一件售價10萬圓的衣服，這時企業的

原典對照
第4篇〈相對剩餘價值的生產〉
第10章〈相對剩餘價值的概念〉

【生產力】
一般指產品的產出能力。在馬克思經濟學中，生產力是由生產手段與勞動力組成。人類獲得生存所需的財貨之方法，稱為「生產方式」。例如，「工廠手工業」即為一種生產方式。生產方式取決於技術性、社會性等各種條件，而生產力與生產關

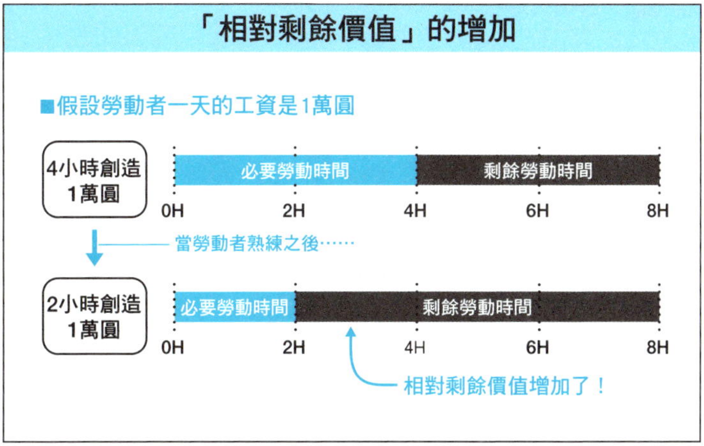
「相對剩餘價值」的增加
■假設勞動者一天的工資是1萬圓
4小時創造1萬圓
必要勞動時間
剩餘勞動時間
0H 2H 4H 6H 8H
當勞動者熟練之後……
2小時創造1萬圓
必要勞動時間
剩餘勞動時間
0H 2H 4H 6H 8H
相對剩餘價值增加了！

每天產生的剩餘價值從1萬圓增加到3萬圓。

利潤為5萬圓。倘若效率提升，使他一天能製作兩件衣服，這會發生什麼事呢？

該員工的每日工資不變，而可變資本為兩件衣服5萬圓，也就是一件2萬5000圓。這樣一來，兩件衣服的總成本會變成7萬5000圓，也就是每件衣服會增加2萬5000圓的利潤。簡單來說，原材料成本等會隨著生產量增加而提高，但人事費卻不會。

由此可知，提高生產力就能增加「相對」剩餘價值。**另一方面，單件商品的價值會減少，連同生產該商品所需的勞動價值也會減少。**資本主義社會就是這樣提高生產力、推動效率化的。

> 「商品價值與勞動的生產力成反比（略），相反的，相對剩餘價值與勞動的生產力成正比。」

係（生產者之間締結的各種社會關係）則是構成生產方式的兩大核心要素。

【效率化】

近年來，許多企業都致力於推動業務效率化，表面上是為了改善工作與生活的平衡。然而，若資本家的目標是為了提升剩餘價值，那麼效率提升後所增加的空間時間，可能只會為勞動者帶來更多新工作。

即使考慮調薪，必要勞動時間也會減少……

Kapital 35

把勞動者集中在一起就能提高生產力

機器不過是一種技術

接下來，要說明前文提到「要如何提高生產力」的問題。馬克思指出，提高生產力最簡單的方法就是引進機器。

以製作衣服為例，使用縫紉機一定比手工縫製來得快速。然而，**機器畢竟是由人來操作，因此馬克思主張「機器不過是一種技術」，也就是說，機器並不是增加生產力的必要條件。**那麼，除了引進機器，還有什麼方法可以提升生產力呢？

馬克思的答案就是「協作」。

與有相同目標的人一起工作，能提升競爭意識

所謂的協作，簡單來說，就是一群勞動者在相同空間、相同時間中一起生產產品。很多人可能會懷疑：光是把勞動者們聚集在一起，這樣就能提升生產力嗎？

漫畫中的morpho自從有了新的辦公室之後，空間變得更寬敞了。如果只有一名員

原典對照

第4篇〈相對剩餘價值的生產〉第11章〈協作〉

【社長】

公司的負責人。是執行業務的最高責任者，背負管理的權限與責任。一般公司大多是董事長一職具有代表權，也有些公司會在社長之上設置名譽職位的「會長」。

近年來，也有CEO（執行長）或COO（營運長）等頭銜的經營責

> 「在同一勞動過程中，同時雇用相對多數的工資勞動者，構成資本主義生產的起點。」

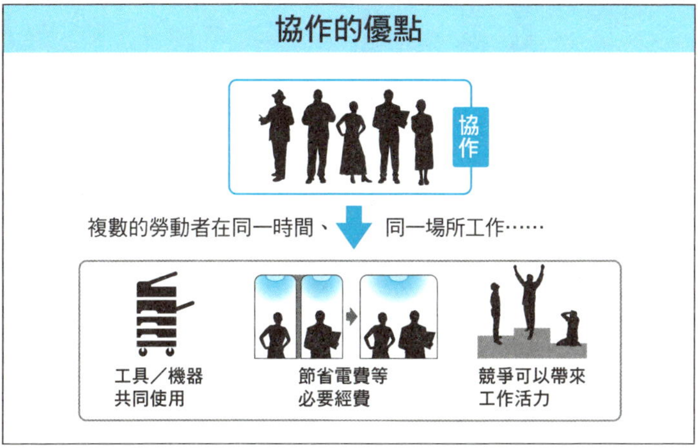
協作的優點
協作
複數的勞動者在同一時間、同一場所工作……
工具／機器
共同使用
節省電費等
必要經費
競爭可以帶來
工作活力

工，許多空間和設備會因此閒置。對獨立作業的人來說，一台電腦、一部縫紉機就已足夠，而且當他操作縫紉機時，電腦事實上也處於閒置狀態。但若公司有其他員工，就能最大限度地減少機器和設備的閒置時間，可以持續創造價值，不會被浪費。

此外，**與同事一起從事相同的勞動，也能提升彼此的競爭意識、相互影響，進而激發更高的工作動力。**

當勞動者的數量增加後，就會有組織與管理的需求，出現所謂的領導者。在企業中，這個角色就是「社長」。事實上，社長也是勞動者之一，股東才是資本家。

任者。CEO負責制定長期經營方針及戰略，而COO則負責按照這些方針執行業務。在日本企業中，社長或會長兼任CEO的情況較為常見。無論是社長、會長，還是CEO、COO，在商業法上皆未有明確的規定。

【股東】
對公司出資的個人或法人，擁有獲得公司利潤分配、出席股東大會參與投票決議，以及在公司解散時分配剩餘財產的權利。

看到後進們
這麼努力，
我也不能輸！

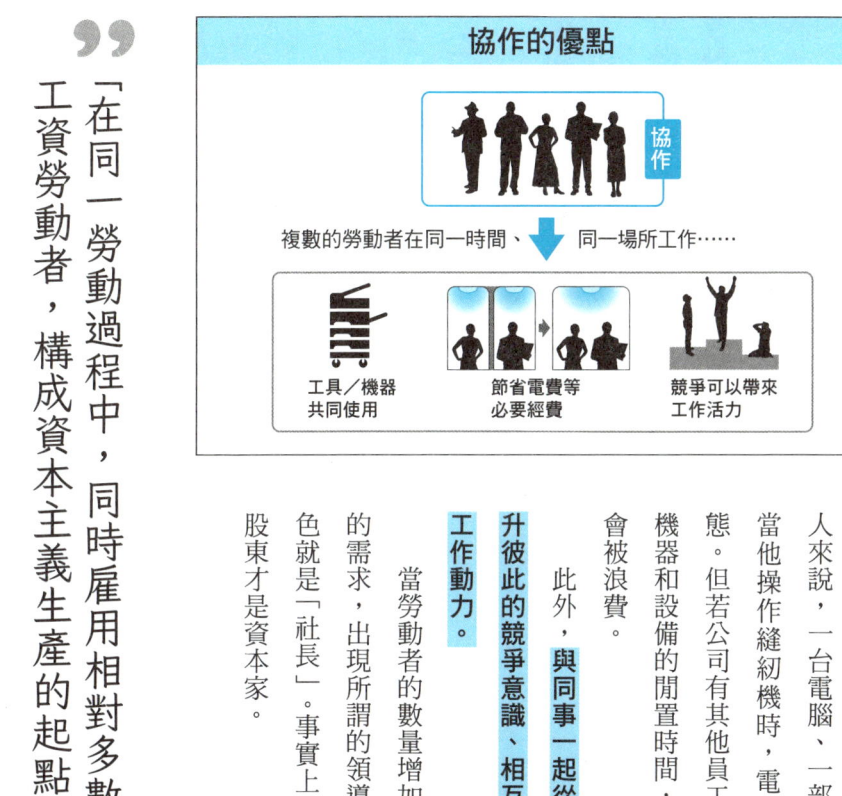

Kapital 36

身為社會性動物的勞動者很適合協作

原典對照
第4篇〈相對剩餘價值的生產〉
第11章〈協作〉

將個人能力的差異平均化

我們再複習一次商品所具備的兩種價值：一是使用價值，指商品本身所具備的實用性；二是交換價值，這是該商品能交換多少其他商品的相對價值（詳細內容請參閱第42頁）。

交換價值會根據生產該商品的勞動量而變動。然而，**商品並非全都由同一個人製造，因此即使是相同的商品，所需的勞動量也會有所不同。**

例如，A製作一件衣服需要5小時，而B則只需要3小時。**因此平均來說，製作一件衣服的時間為4小時，這便稱為「社會性平均勞動」。而商品所包含的這個勞動量，會反映在它的交換價值上。**

勞動者越多，平均化程度就越高

馬克思說，讓勞動者集中在一個地方工作，就是資本主義生產的基礎。而前文所說，

【社會性】

指在人際關係或團體生活中，與他人和諧相處的素質與能力。

此外，也指人類傾向於組成群體並共同生活的根本特性，亦稱為社交性。人類之所以具有這種本質，是因為人類是使用語言來溝通的動物。語言是社會的產物，並承載著歷

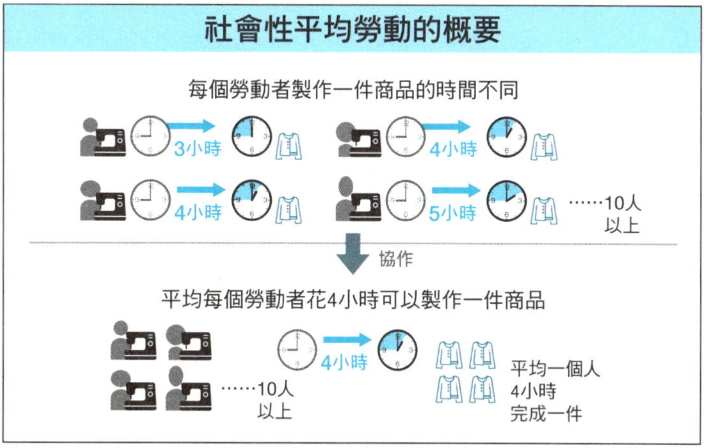
社會性平均勞動的概要
每個勞動者製作一件商品的時間不同
3小時
4小時
4小時
5小時
……10人以上
協作
平均每個勞動者花4小時可以製作一件商品
……10人以上
4小時
平均一個人4小時完成一件

「單純的社會接觸（略）所供給的總生產物，遠遠超過單一勞動者的產出。」

我們公司增加人手後，每個人的能力都因此提升了。

社會性平均勞動的典型，就是協作。

一人不如兩人，五人不如十人、十五人、三十人……，**在同一個場所工作的勞動者數量越多，每個人的勞動量就會越平均。勞動者不再單打獨鬥，而是共同建構出一個社會性的生產體系。**這種協作模式，使生產力得以大幅提升。

為什麼這種社會性互動能提升生產力呢？**亞里斯多德認為，「人類是政治性的動物」，而馬克思則主張「人類是社會性動物」。正因如此，協作才得以提升生產力。**

史。而人類只能透過語言來思考。

【社會不適應】

指身為社會的一分子，卻無法在社會中順利生活。由於各種因素，難以與他人協調互動，或無法融入周遭環境、因應社會的期待。

近年來，社會對這個族群的理解已逐漸加深，並提供他們就業支援等協助措施。

Kapital 37

從十六世紀的產業資本走向機械化大工業

從生產獲得利潤的產業資本

資本主義最早誕生於英國。在君主專制時期，英國發展出藉由商品流通獲取利潤的商業資本，帶動經濟繁榮，並形成商業機制影響政治與人際關係的商業社會。商人和金融業者等有產公民享有經濟特權。當時的產業以獨立手工業為主流，商人經營的問屋制家內工業也逐漸擴展。

這樣的社會形態開始朝向資本主義發展，是在十六世紀後半。身為經營者的資本家興建工廠，將手工業勞動者集中在同一個地方製造產品，工廠手工業就此誕生。正如第68頁所述，**這種經營方式所產生的「產業資本」，與藉由商品流通獲取利潤的「商業資本」，在本質上有很大的不同，勞動規模與模式也開始發生變化。**

這種資本的累積，促成了十八世紀後半機械化大工業的發展，並推動真正的資本主義登場。**隨著資本主義的擴展，社會發生了重大變化——對熟練技術的需求下降，工匠的價值暴跌，而工資低廉的女性與兒童則被迫從事嚴苛的勞動。**

原典對照

第4篇〈相對剩餘價值的生產〉 第12章〈分工和工廠手工業〉

【工業革命】

十八世紀後半，英國的生產技術開始急速發展，社會和經濟的變革也隨之而來。各種機器紛紛引進，工廠的大規模生產日益普及，進而確立資本主義社會的樣貌。在英國，這一發展始於紡織工業。

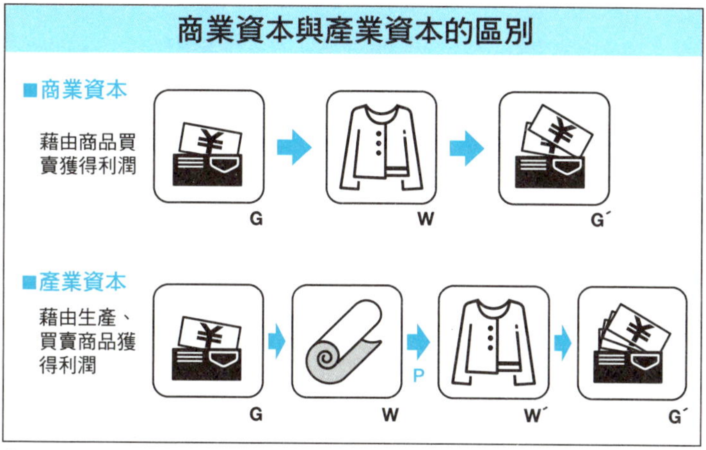
商業資本與產業資本的區別
■商業資本
藉由商品買賣獲得利潤
G
W
G´
■產業資本
藉由生產、買賣商品獲得利潤
G
W
P
W´
G´

產業資本是從包括買賣在內的商品生產過程中獲得利潤。

工廠手工業的最大優勢：協作

如前所述，工廠手工業最重要的兩種作業形態為「協作」與「分工」。

協作是指，讓大量勞動者在同一時間、同一場所，進行同一項作業。其優點是可以節省電費，並縮短機械設備的閒置時間（無作業時間）。

工廠手工業的另一個關鍵要素是「分工」。顧名思義，就是細分作業環節來提高生產效率，我們會在下一節進一步解說。

”「各項作業凝結成某位勞動者的專屬職能（略），並由這些部分勞動者組合起來共同完成。」“

【工匠】
指擁有專業且熟練技術的手工業者。通常得經歷長期的學徒階段，最後才能出師成為工匠。

【閒置時間】
閒置（Idle）意指無事可做、未工作、空閒的狀態，即工作中的空檔。與「Idol」（偶像）無關。

如今工廠的大量生產，就跟以前一模一樣。

Kapital 38

勞動者的分工與協作能快速實現工匠技藝

原典對照

第4篇〈相對剩餘價值的生產〉第12章〈分工和工廠手工業〉

每個部件的作業由勞動者分工完成

接下來，我們要進一步探討分工。分工是指細分商品的生產過程，再將不同的工序分派給勞動者執行。馬克思以鐘錶為例，說明分工的概念。

一隻簡單的機械錶，是由近百個零件組成的，包括錶盤、內部彈簧、時針與分針等。獨立手工業者，即所謂的工匠，必須獨自完成這些零件的製造與組裝，因此需要耗費大量時間。

相較之下，在分工制下，每一道工序都有專門的勞動者負責。例如，專門製作錶盤的人、製作彈簧的人、製作指針的人……，最後再由負責組裝的人將各個零件組裝完成。**像這樣，比起由工匠獨自製作一隻手錶，分工制能大幅提升生產速度。**

一個工匠比不上一百個勞動者

工匠製作一件商品，是從零開始獨自完成，他們是擁有高超技術和經驗的專業人士。

【生產過程】

人類為了生存而生產物質財貨的過程。在資本主義社會中，生產過程的主要產出物是商品。生產過程由勞動過程（人類透過勞動手段作用於勞動對象的過程）與價值形成、增殖過程（創造剩餘價值的過程）所構成。

> 「這些作業經由經驗的累積進一步細分、分立，並作為個別勞動者的專屬功能而獨立化。」

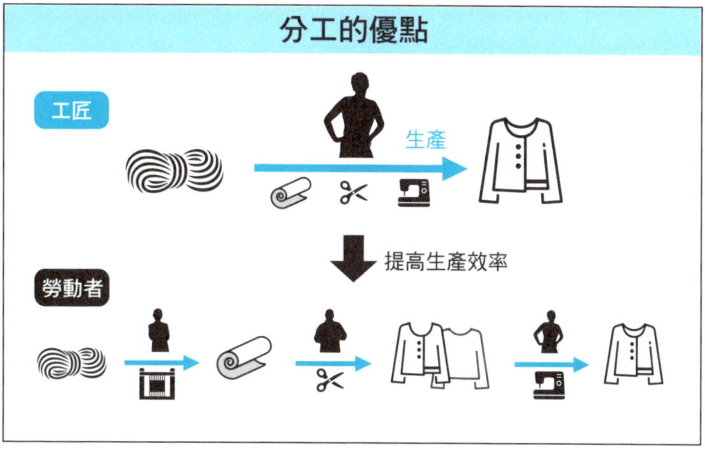

透過分工，生產速度會提高，品質也會變得穩定。

但也因為這個緣故，他們的技術難以模仿與複製，並非人人都能做出一模一樣的手錶。

但如果只負責製作零件之一的彈簧呢？只專注生產一個零件的話，就有可能在相對較短的時間內，生產出與工匠水準相去不遠的產品——與工匠不同的是，我們可以把全部的精力投入在彈簧上，藉此提高品質。

這正是工廠手工業與獨立手工業的差異所在。**前者不僅加快了商品的生產速度，透過勞動者的分工，還能確保品質維持在一定的水準。**

【機械式鐘錶】
指所有部件（如動力裝置、調速機、傳動裝置、顯示裝置）皆為機械構造的鐘錶。以發條作為動力，透過齒輪的複雜組合驅動指針、顯示時間。十四世紀時就已出現。

【分工】
在現代的一般用語中，分工包含社會性分工及工廠內部分工。這裡指的是後者。

Kapital 39

高度分工的結果就是勞動者越來越廉價

兩種工廠手工業

馬克思指出，工廠手工業最初有兩種類型：第一種是小型的都市工廠，負責製造零件，然後交給組裝工廠。這種模式並非在單一工廠內完成所有工序，而是類似於問屋制家內工業。至於第二種，則是系列性的工廠手工業，如前文所述，這種工廠是把勞動者集中起來，依照系列性流程進行作業，**擁有「規則性」、「加強勞動」、「勞動的連續性」及「秩序」等特徵。**

專門，但不專業

當工廠手工業深化「分工」之後，會發生什麼事呢？在卓別林的電影《摩登時代》中，有一幕描繪人類必須像機器般規律運轉的場景。隨著分工的細化，作業本身會被分割得更細，專門性也更高。例如製作彈簧的作業，還可分成彎曲彈簧、縮小彈簧等。

但另一方面，這些被高度細分的勞動者，其實並沒有真正「生產」任何東西——這些

原典對照

第4篇〈相對剩餘價值的生產〉

第12章〈分工和工廠手工業〉

【畸形化】

動植物等的異常形態，若超出一般變異的範圍就稱為「畸形」。此處指工廠手工業中過度專門化的作業，與過去的作業方式截然不同，故被視為「畸形」。

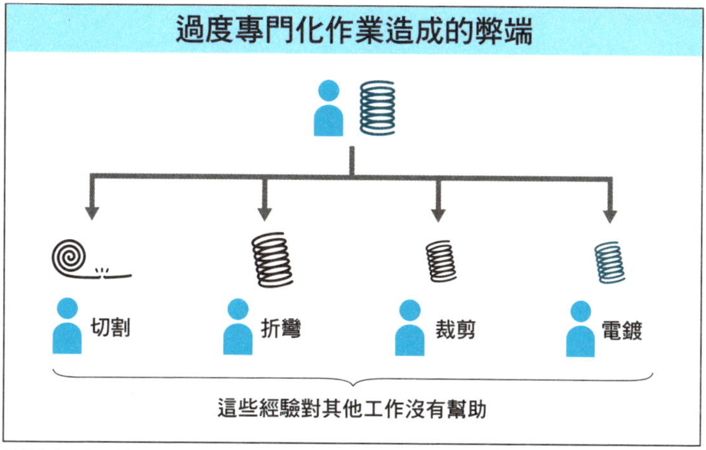
過度專門化作業造成的弊端
切割
折彎
裁剪
電鍍
這些經驗對其他工作沒有幫助

勞動者自己也成為機器的一部分。

高度專門化的工作，是除了在這間工廠以外就沒有任何用處的「畸形化」作業。

獨立手工業者的工匠技術非常專業，具有像是「製作鐘錶」、「縫製衣服」等專門性。

相較之下，「只負責彎曲鐘錶彈簧」這類作業則缺乏通用性，只限於在工廠內發揮作用。真正完成一件商品的，是由「全體勞動者」組成的工廠，也就是由組織來完成。

經過高度細分的專門性分工，讓人類也淪為工具。勞動者僅專注於某個特定作業，成為工廠中的一個零件，融入生產系統之中，最終就導致勞動力本身的價值越來越低。

「從事單一功能的習慣（略），迫使他以一種如機械部件般的規律去運作。」

【卓別林】

英國電影演員及導演。以小鬍子、高頂禮帽、寬鬆長褲與手杖的形象而聞名。除了在喜劇電影中大放異彩外，也參與如抨擊希特勒的《獨裁者》、諷刺現代文明的《摩登時代》等帶有社會批判色彩的作品演出，被稱為「喜劇之王」。雖然在好萊塢很受歡迎，但曾因思想問題遭美國拒絕入境。

綜合職的人在轉職時有較多選擇，這點跟現代一樣呢。

Kapital 40

從工廠手工業進化到大型工業

不僅工廠會分工，社會也會分工

馬克思指出，分工包含了工廠手工業的分工，以及社會性的分工。前者我們已經知道了，而後者的社會性分工，具體指的是什麼呢？

簡單來說，就是工廠內部的分工模式，在整個社會中也同樣存在。這點可能不太容易理解，讓我們用一個具體的例子來說明。假設農村負責生產食材，而都市人則購買這些從農村運來的食材，製作成各種商品。

換句話說，社會就像是一座大規模的工廠——有生產食材的勞動者，也有採購食材後將之製造成商品的勞動者等，形成一種分工模式。然而，社會終究不是真正的工廠，兩者無法相提並論。工廠有其規律及生產的計畫性，也有監督勞動者的人，但社會性分工則沒有這些特點。

馬克思說，當社會性分工趨於成熟時，就會產生如同工廠手工業的分工。在過去，農村單位（小規模生產者）就足以支撐經濟活動，但隨著交通的發展，不同地區之間的聯繫

原典對照
第4篇〈相對剩餘價值的生產〉
第12章〈分工和工廠手工業〉

【交通】

指人或物從一個地方移動至另一個地方，也可用輸送、運送來表示。

交通是生活中不可或缺的要素，說它伴隨著人類的進步也不為過。從連接村落的道路、把馬匹當作交通工具，到大航海時代的帆船、蒸汽機發明後的火車等，乃至於汽車、飛

變得更緊密，商品交換也日益頻繁——這正是分工與作業專門化，也就是社會性分工。事實上，早在資本主義出現之前，社會性分工就已經存在，人類天生就會主動分工。

勞動者成為機器的犧牲品

隨著工廠手工業的分工發展，生產力大幅提升。但另一方面，獨立手工業者具備的精湛技術卻逐漸喪失價值，反而是工具變得更加專業、特定化。當負責單一工序的勞動者越來越多，勞動力的價值隨之下降，勞動者也成了犧牲品。

然而，勞動力價值下降不代表會被淘汰，相反的，這些勞動者會大量流入工廠手工業中。馬克思指出，這是因為工廠手工業成功將「任何人都能從事的簡單勞動」制度化，是一場劃時代的革命。在這種情況下，**資本家開始擴大對機器設備等不變資本的投資。這些機器不斷發展，變得更大型、更昂貴。於是，工廠手工業就進一步發展成大型工業了。**

機等各種交通工具的誕生，連接了廣大的世界。

馬克思在分析人類與物品之間的關係時，非常重視交通的概念。他在《德意志意識形態》一書中，透過交通的概念來剖析世界史，指出「即便是最單純的『感性認知』對象（例如一棵櫻花樹），也只能透過社會的發展、產業與商業交通，才能為人類所感知。」

「工廠手工業分工這個產物，接下來生產的東西就是——機器。」

這個進化過程在現代社會中依然持續進行著。

Kapital 41

機械化讓資本家賺大錢 但勞動者依然苦哈哈

原典對照
第4篇〈相對剩餘價值的生產〉
第13章〈機器和大工業〉

擁有巨大動力的機器改變了工業

隨著工廠手工業的發展，機械化大工業應運而生，其特徵就是導入大規模機器設備。早在十九世紀以前，就已出現如紡紗機等機器，但當時的機器，動力來源仍仰賴人力、馬匹或水力，因此工廠的位置及作業效率皆受到限制。

蒸汽機問世之後，工業革命隨之展開，以往依靠人力的工作逐漸被機器取代。動力機的發展，也讓傳輸動力的傳動機與其他工具一一出現。

馬克思在1862年的工業博覽會上，看到一部折信封的機器，為之驚嘆不已。這部機器能摺紙、上膠，甚至描繪圖案——單靠一部機器便能進行所有工序。**這些機器出自工廠手工業，但最終它將吞噬這個產業、掌控整座工廠。這便是機械化大工業的開端。**

機器並不會讓勞動者變得更輕鬆

既然機器能取代人力，勞動者應該會變得更輕鬆才是。例如，在1793年以前，

【原動機】
指從自然界中各種能源的來源，擷取能量，將之轉換成有用的機械能，作為驅動其他機器動力來源的裝置，也稱為動力機械。自然能源的種類繁多，包括來自石油、煤炭等熱能，水力、風力等動能，還有位能、地熱能，以及利用太陽光的太陽能

從棉鈴中分離出1磅棉花需要花一整天的時間，但引進機器之後，一名女工一天之內就能分離出100磅棉花。

若認為勞動者可以因此變得更輕鬆，那就大錯特錯了。**馬克思斷言，機器的存在並非是要減輕勞動者的負擔，而是為了要降低生產商品的成本。也就是說，資本家引進機器不是為了勞動者，而是為了讓自己賺更多錢。**

隨著機器的發展，勞動者不再需要具備特殊技術或強健體魄。過去，工廠的主要勞動力是成年男性，但引進機器之後，女工和童工越來越多。馬克思指出，這個變化導致嬰幼兒的死亡率節節上升，因為母親外出工作，照顧孩子的時間便隨之減少。

當時的英國議會，規定十四歲以下兒童的勞動條件是必須得讓他們接受義務教育，但由於只要提出教師證明就能過關，因此許多資本家會使用假的教師證明來鑽法律漏洞，把童工留在工廠繼續工作。

> 「人類已不再只是作爲動力而工作（略），如今即便作爲動力，也能被自然力量取代。」

等。原動機的種類則包括水車、風車、蒸汽渦輪、燃氣渦輪、核能機組等。

【義務教育】
指國家基於國民就學義務所實施的教育。世界上最早立法、確立義務教育的是1852年美國麻州的〈義務教育法〉。

女性進入社福制度不完善的社會，很可能會受到剝削。

Kapital 42

永遠不會累的機器搶走人類的工作

機器不斷減少人類的勞動時間

機器不會疲勞，因此資本家希望機器可以24小時全天候運作。如此一來，負責操作機器的勞動者，勢必要延長工作時間。

過去勞動者曾群起反抗，成功爭取到縮短工時，但後來資本家又進一步要求增加勞動強度，也就是在相同時間內，要求勞動者完成更密集的工作。此外，由於操作機器的工作極度消耗精神，勞動者不斷重複將原料投入機器、按下開關等特定動作，這也剝奪了他們行動的自由。

隨著機器的發展，勞動者的工作時間越來越少，機器減少了他們的必要勞動時間，也增加了他們的剩餘價值。過去他們為了縮短漫長的工時而抗爭，但如今資本家卻告訴他們，「工時應該要更短才對」。馬克思甚至表示，機械化勞動不僅剝奪了勞動者的工作與利益，而且根本是一種折磨。

原典對照

第4篇〈相對剩餘價值的生產〉第13章〈機器和大工業〉

【勞動時間】

即使機器的問世，縮短了工時，但對勞動者並不一定有利。現代社會也能看到類似的情況，像是便利商店不只是銷售商品，還包辦生活繳費、包裹寄收、演唱會或電影的售票等廣泛的業務。儘管有這麼多工作要做，但店員的低薪問題、深夜時段的人

憤怒的勞動者報復機器，但徒勞無功

面對這種情況，勞動者當然不會忍氣吞聲。1811年，英國爆發了機器破壞運動。蒙面工人在深夜潛入工廠，以「內德・盧德」這個虛構的領導者之名，大肆破壞機器。當時，勞動者對機器的反彈極為強烈，這場運動後來被稱為「盧德運動」。**然而，機器本身不過是一種手段，無論怎麼破壞它，勞動者被剝削的結構也不會因此改變。**

1812年，英國政府頒布了制裁這場運動的法案，許多人因此被流放或送上絞刑臺，使得這場運動逐漸式微，最終在1816年徹底平息。

機器的發展導致勞動者的工時減少，許多人因此失去了生計。但勞動者有苦難言，因為操作機器的工作不分男女，甚至連孩童都可以勝任。簡單說，「可以取代的人多得是」。

比起失業，勞動者只能選擇繼續工作。在獨立手工業時代，勞動者至少還能依靠自身的技能謀生，但如今，重複進行簡單工作的勞動者，早已喪失技能，只能從事同樣單純的工作。馬克思的結論是，「問題的根源並不在於機器，而在於整個社會體系」。

> 「資本透過機器自我增殖的程度，與因機器而生存條件遭破壞的勞動者人數成正比。」

力問題，以及防盜對策等問題依然存在。

【盧德運動】

這場運動由英國諾丁漢的紡織工人發起，並蔓延到約克夏的羊毛業、蘭開夏的棉織業等地。

未來的AI時代
也會發生同樣
的事吧！

Kapital 43

機械化讓全世界捲進貧富差距的漩渦

找不到工作就去別的國家

機械化大工業的出現，破壞了原有的生產體系，也加劇對勞動者的剝削，許多人因此失業。

馬克思指出，這些被犧牲的勞動者無處可去，就算找到新工作，情況也更加悲慘。但他同時也提到，工作並沒有消失。即便機器能大量生產商品，依然需要原材料。越是要大量生產，對原材料的需求就越高。馬克思認為，可以把勞動者派遣至那些原材料的輸出國，也就是提供移民勞動者。如此一來，就能形成「原材料輸出國」和「使用原材料生產商品的國家」的跨國協作。

然而，每個資本家都希望能引進機器，**而那些原材料輸出國遲早也會開始機械化，這又將再次令勞動者失業、被派遣至其他原材料輸出國……，馬克思預言，未來這種循環將會不斷重複。**

原典對照

第4篇〈相對剩餘價值的生產〉第13章〈機器和大工業〉

【轉包】

指經濟及技術較弱勢的中小企業，接受特定大企業的訂單進行生產。由於過去經常被強加固定工資與苛刻的勞動條件，日本因此制定了《轉包法》來加以規範。

【階級差距的固定化】

> 「相對於資本的累積，貧窮的累積也必然會發生。」

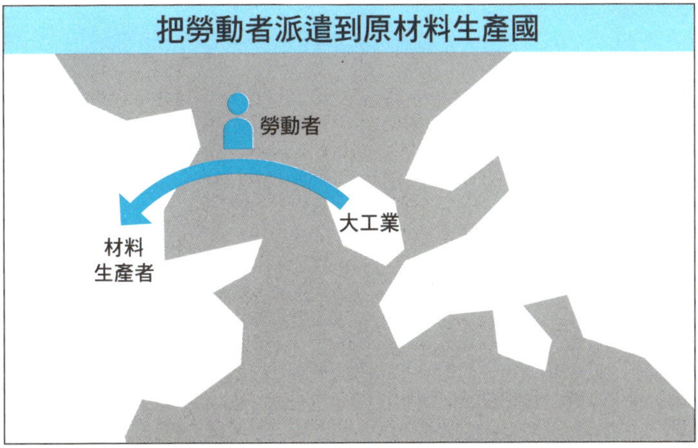
把勞動者派遣到原材料生產國
勞動者
大工業
材料
生產者

大工業發達的國家將勞動者派遣到原材料的輸出國，未來這些國家也會發展出大工業。

機械化大工業會襲捲所有國家

機械化的影響不會只侷限在工廠內部。

像是漫畫中的uni noir在海外興建大型工廠，雇用當地勞動者大量生產。而在這些工廠工作的人，可能是地位比一般勞動者更低的女性或兒童。而工廠周邊同樣進行成衣製作的家庭工廠，勢必會受到衝擊或成為其轉包商，為了生存，他們不得不參與這場殘酷的競爭。

在當時，投入勞動市場的女性與兒童也對教育造成影響。勞動者的孩子連上學的機會都沒有——資本家的子女長大後仍然是資本家，而勞動者的孩子長大後依然只能成為勞動者。資產階級與無產階級的差距永遠不會改變。

指社會階級與貧富差距的世襲現象，亦稱為文化再生產。在資本主義社會中，雖然社會地位的世襲制已經消失，但人們的經濟差距會影響其受教育的機會，導致新的階級差距產生，受過高等教育的人往往有較高的社會地位。

日本曾被視為是貧富差距較小的社會，但隨著企業終身雇用制的崩解、經濟長期不景氣，以及產業結構改變等問題，使得階級差距迅速擴大。

不影響當地產業是不可能的！

Kapital 44 資本主義社會中生產性的意義

只有創造「剩餘價值」的勞動才具有生產性

在資本主義出現之前，「生產性」一詞指的是製造對自己有用的物品。但在資本主義之下，這個詞的含義發生了變化。「生產性」被定義為「能夠創造多少剩餘價值」。

我們再複習一次：維持勞動力再生產所需的勞動時間，稱為「必要勞動時間」；超過此範圍的勞動時間，則稱為「剩餘勞動時間」，而剩餘價值就是在剩餘勞動時間中創造的。

要提高剩餘價值（生產力）的方法有兩種，一是延長勞動時間；二是引進機器、強化勞動。

前者能生產「絕對剩餘價值」，後者則會生產「相對剩餘價值」。

資本主義只會出現在已稍有發展的社會

機器大幅提升了所謂「生產性」勞動的效率。資本主義的發展，在某種程度上也意味著社會的發展。

在資本主義出現前的社會，人們基本上只生產自己需要的物品——如果整個社會仍處

原典對照

第5篇〈絕對剩餘價值和相對剩餘價值的生產〉

第14章〈絕對剩餘價值和相對剩餘價值〉

【生產性】

生產人類生活所需之物的勞動，稱為「生產性勞動」。而服務業等，未生產產品的勞動，則稱為「非生產性勞動」。

【家庭主婦】

指從事家務及育兒的已婚女性。

十八世紀的英國，在工

資本主義之下具「生產性」的勞動
產品
自己需要的東西
不符合資本主義的「生產性」
產品
剩餘價值
資本主義所謂的「生產性」是指能創造剩餘價值（利益）

即使是生產相同的東西，只有以商品的形式創造剩餘價值，才能稱為生產性勞動。

於貧困狀態，人們就得耗費大部分的時間去生產自己日常所需的東西，根本沒有餘力顧及其他事。

相對的，唯有社會發展到一定程度，人們才有餘力為他人勞動——**唯有資本逐漸累積、勞動力開始作為「商品」流通，剩餘價值才會產生，資本主義也才會因此誕生。**

創造剩餘價值的勞動，稱為「生產性勞動」，這正是資本主義的核心。只有能使價值增殖的勞動，才稱得上是生產性勞動；家庭內的勞動雖然繁重，但在資本主義的定義下，並不屬於生產性勞動的範疇。

> 「爲資本家生產剩餘價值的勞動者，也就是對資本自我增殖有幫助的人，才算是具生產性。」

業革命之後，長時間離家工作的男性增加，因而出現了依性別分工的意識。到了二十世紀，歐美已普遍出現此現象。在日本，伴隨著經濟高度成長的時期及男性上班族遽增，家庭主婦也變多了。在1975年左右，有六成的已婚女性成為家庭主婦，但九〇年代之後，男性失業者增加，收入變得不穩定，家庭主婦的數量也逐漸減少。

因為有更多餘力，工作才變得更辛苦嗎？

Kapital 45

勞動者的生產力提升 但工資卻不會增加

原典對照

第5篇〈絕對剩餘價值和相對剩餘價值的生產〉

第15章〈勞動力價格和剩餘價值的量的變化〉

勞動日的長度、勞動的強度、勞動的生產力

當公司的生產力增加時，我們通常會認為，既然利潤增加了，勞動者的工資也會增加。但真的是這樣嗎？為此，馬克思舉例說明了勞動力的價格與剩餘價值的變動。請注意：所謂的「生產力增加」，是指勞動的生產力增加，並不是勞動力的價值（工資）增加。

但有一個前提條件是，「勞動力的價值不會降至低於其再生產的價值」。**由此可知，勞動力的價格與剩餘價值的變動，取決於：勞動日的長度、勞動的強度、勞動的生產力。**

既然生產力增加是必然的，工資就會減少

當「勞動日的長度」、「勞動的強度」不變，而「勞動的生產力」發生變化時，假設一件10萬圓的衣服，勞動力的價值是5萬圓，剩餘價值是5萬圓。若想將剩餘價值提升到8萬圓，就必須把勞動力的價值降到2萬圓。也就是說，勞動的生產力（作業效率）提高，代表剩餘價值所占的比例增加，勞動力的價值就會隨之減少。

【勞動的生產力】

指在一定時間內生產物品的能力，而工具、機器、設備等的使用情形，也是決定勞動生產力的關鍵。換言之，若機器的生產性提高，使用該機器的勞動生產力也會提高。馬克思說，只要勞動的生產力沒有增加，勞動力的價值（工資）就不會減少。

當「勞動日的長度」、「勞動的生產力」不變，而「勞動的強度」發生變化時，即勞動者在相同時間內能生產更多商品時，每件商品所含的剩餘價值就會增加，但勞動者被剝削的比例也會隨之提高。

當「勞動的生產力」、「勞動的強度」不變，而「勞動日的長度」發生變化時，勞動時間的增減會直接影響剩餘價值的增減。雖然工資不變，但由於機器損耗與電力等成本增加，結果還是會導致工資減少。

最後，當這三個要素全都發生變化時，可能會出現多種情況。當勞動力的再生產所需的生活消費品價格上漲，導致勞動力的價值上升，那麼商品中所含的剩餘價值比例就會下降。但若透過延長勞動日，使必要勞動時間與剩餘勞動時間的比例維持一致，則最終仍可使剩餘價值增加。綜觀上述四種情況可知，當勞動的生產力增加時，勞動力的價值就會減少，若貨幣價值維持不變，工資就會隨之減少。**在資本主義社會中，提高生產力是必然的趨勢。**因此，勞動力的價值只會持續減少——勞動者會越忙越窮，而資本家則會越賺越多，且越來越閒。

【勞動的強度】

指勞動的熟練度。即使使用相同的工具或機器，若勞動的強度越高，生產量就會越多。如此一來，一件商品所含的必要勞動量就會減少。同樣的，若勞動的強度降低，生產量減少，商品所含的必要勞動量就會增加。

”「不提高勞動的生產力，就無法降低勞動力的價值。因此，剩餘價值也無法增加。」“

明明努力工作，工資卻減少了，你不覺得很奇怪嗎？

Wind City
叮噹叮噹
哎呀！
看來妳已經被打倒了呢？
嗚嗚～
小翠！
崩潰
哭～～～
慘

我也來一杯一樣的
淚汪汪
淚汪汪
難得雄子沒有跟妳一起來呢！
嗯，是這樣沒錯……
最近五代姐，根本連出來喝酒的時間都沒有。
小翠妳沒有找她嗎？
我也好久沒見到雄子了……
前陣子她有找我商量工作的事。
工作啊～
咦──
翔子妳也有工作的煩惱嗎？

資本家也是資本的齒輪之一↓P198

隔天
頭痛欲裂
呃啊～昨天可能喝太多了……
好的 了解 那就拜託你了
五代姐還是那麼忙……
對了，去看看有沒有我能幫上忙的地方？
くるー
然後趁機跟她聊聊。

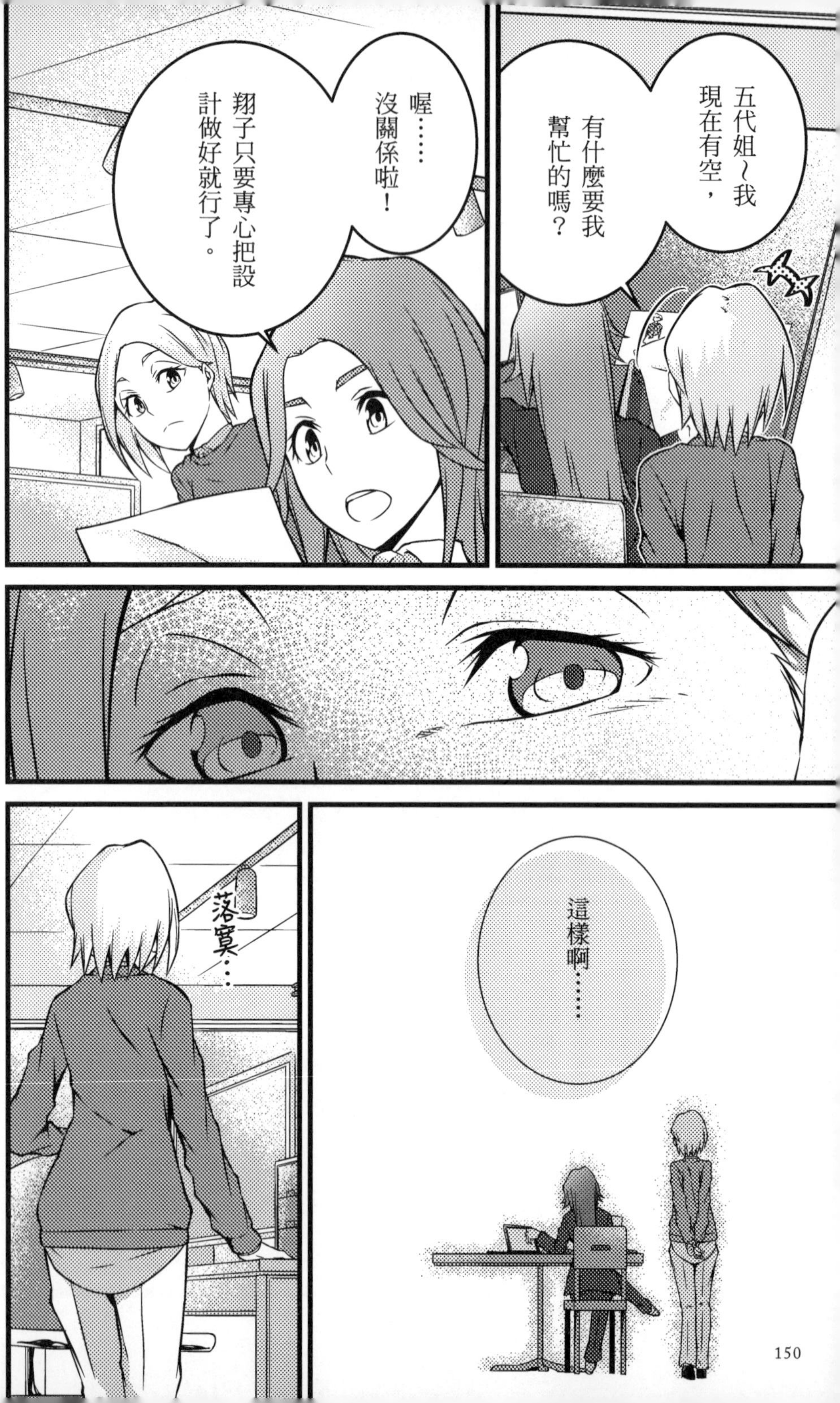
五代姐~我現在有空，有什麼要我幫忙的嗎？
喔……沒關係啦！翔子只要專心把設計做好就行了。
落寞……
這樣啊……

你們的品牌成長了很多……
為了回應忠實顧客的需求，公司的規模會越來越大。
不是「必須擴大」，
這是做生意必經的過程！
所以這不是雄子和妳，誰對誰錯的問題。
做生意嗎……
嘆…
啊啊
我還是想不通！
真的是這樣嗎……

資本家無法擺脫擴大再生產的競爭↓P198

馬克思的著作介紹

分析「拿破崙三世」為什麼會崛起

《路易．波拿巴的霧月十八日》

1848 年法國的二月革命後，拿破崙的姪子路易．波拿巴就任法國總統，並於 1851 年 12 月發動政變、解散國會，掌握獨裁權力。

本書即是馬克思論述此一過程的著作，書名中的「霧月十八日」指的是 1799 年 11 月，即拿破崙一世成功發動政變的日期。馬克思以「第一次是偉大的悲劇，第二次是鬧劇」這句話來形容路易．波拿巴戲劇般複製拿破崙的事件，分析他何以能成功奪取政權。

十九世紀前半的法國，資產階級和共和主義者的勢力不斷崛起，導致議會內部激烈對立，政權極不穩定。另一方面，在謀求王政復辟的勢力中，還分為支持大革命前的波旁王朝一派，與支持 1830 年七月革命後建立的奧爾良王朝一派，彼此對立。

在這樣的情勢下，人民懷念起拿破崙時代的穩定，這也使得無黨無派的路易．波拿巴備受人民期待，即便他尚未有任何實質的政績。馬克思在書中描述，路易．波拿巴巧妙地利用在國會中占多數的資產階級共和派，將基層軍人及沒有組織的農民納入自己的支持者，進而成功取得政權。

後來，路易．波拿巴透過全民公投，恢復了帝制，並在 1852 年 12 月登基，正式成為法皇拿破崙三世。只不過，隨著法國在 1870 年的普法戰爭中戰敗，他也失去了帝位。

比起路易．波拿巴個人的能力，本書更著眼於當時法國的社會與階級對立狀況，以此來分析他如何能取得政權。即便是在現代，也不乏類似的案例——主張激進言論的政治人物，獲得無黨無派者的支持，最後掌握一個國家的政權。

第3章

停不下來的資本主義與它的未來

——五代雄子到底為了什麼而創業？

為了女兒而重拾服裝設計的五代

*即「校慶」之意。

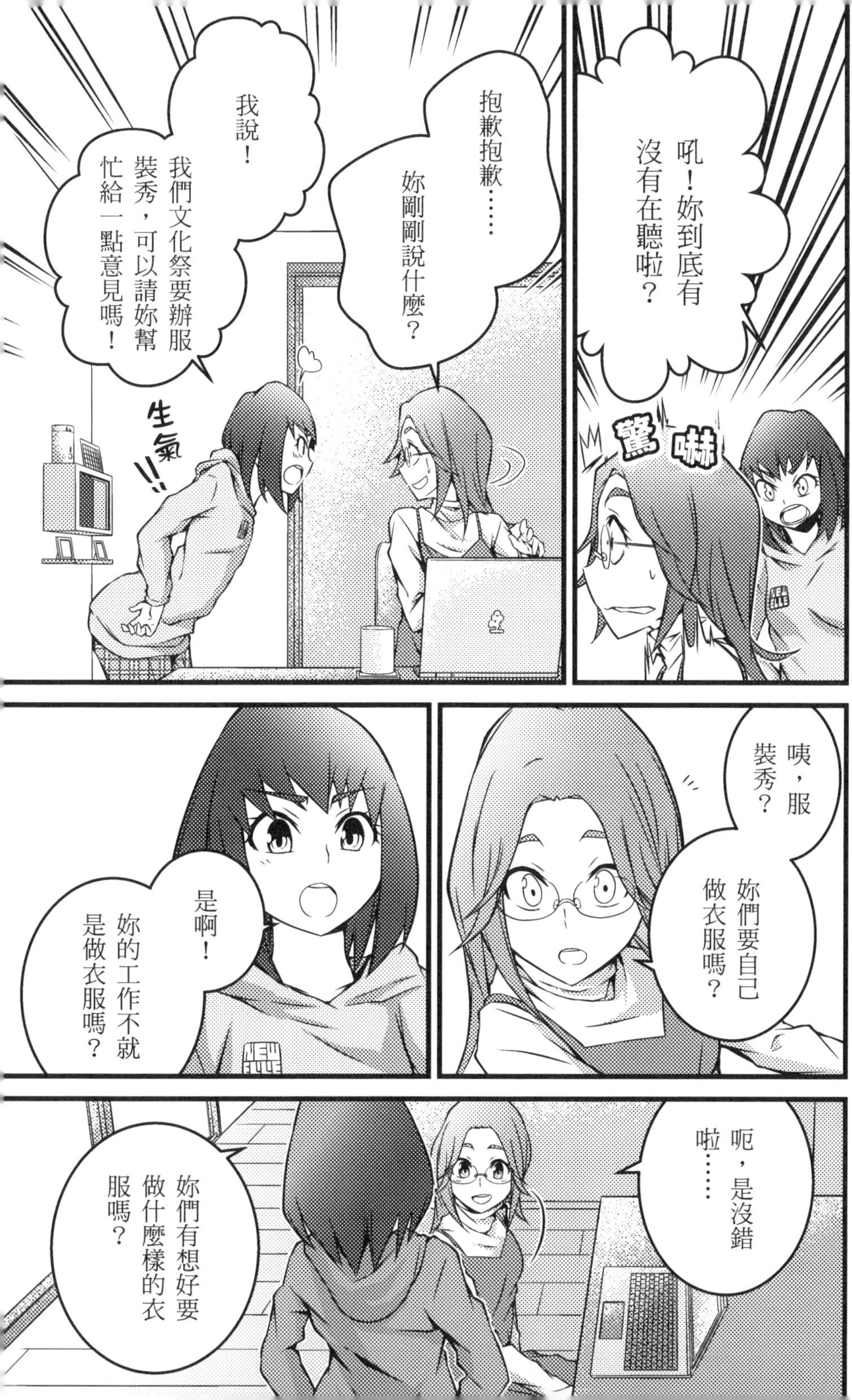
吼！妳到底有沒有在聽啦？
驚
嚇
抱歉抱歉……
妳剛剛說什麼？
我說！
我們文化祭要辦服裝秀，可以請妳幫忙給一點意見嗎！
生氣!!
咦，服裝秀？
妳們要自己做衣服嗎？
是啊！
妳的工作不就是做衣服嗎？
呃，是沒錯啦……
妳們有想好要做什麼樣的衣服嗎？

我們要做可愛的那一種！
宏亮
大聲！
哦～這樣啊！不過妳要說得更詳細一點，像是設計、材料之類……
嗯嗯
哎！
還有預計的成本。
…櫻子
驚！！
成本什麼的無所謂吧？
這又不是工作……
拍
起身…
總之——
妳先把自己的想法全部說出來。

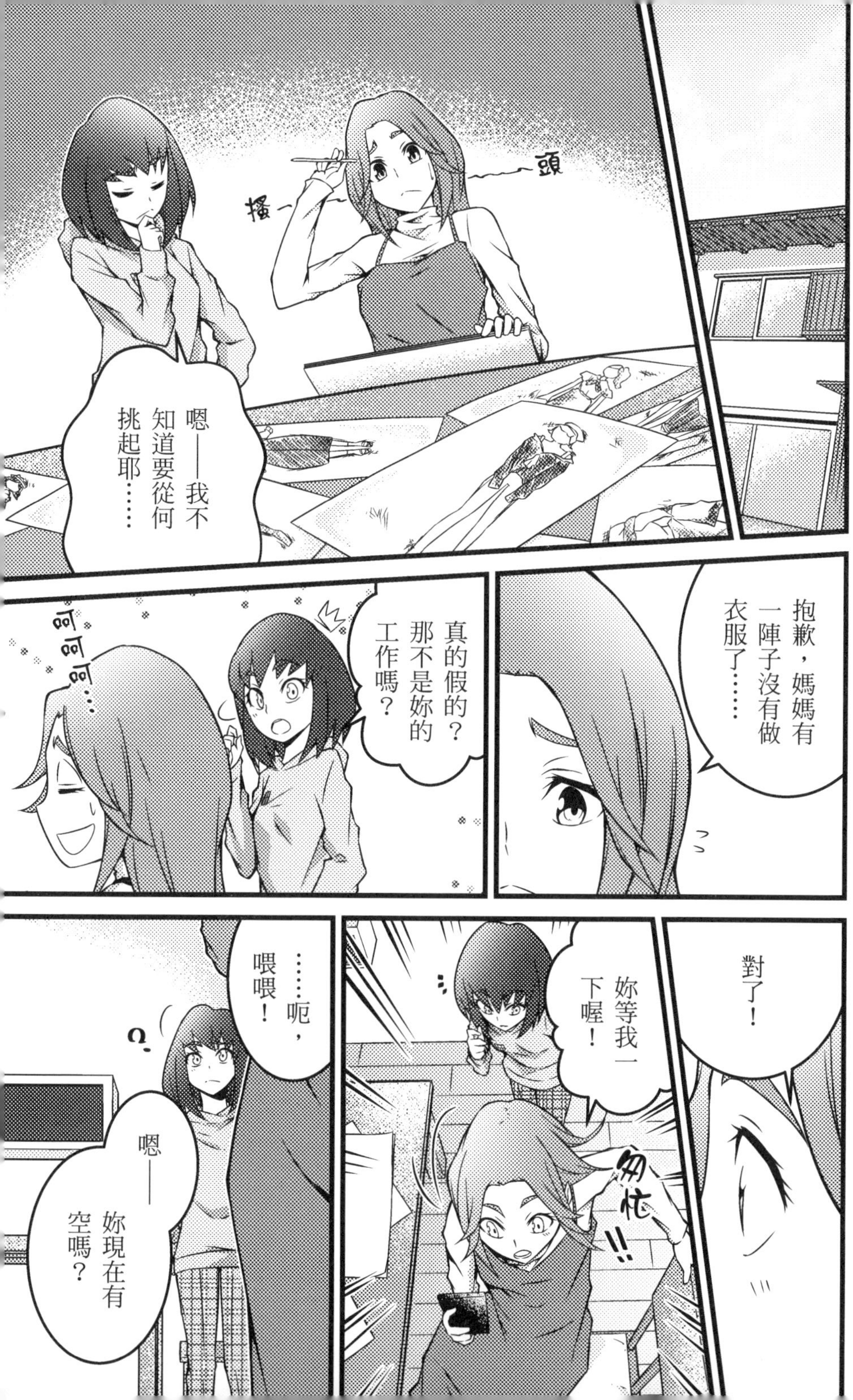
搔—
～～頭
嗯——我不知道要從何挑起耶……
抱歉，媽媽有一陣子沒有做衣服了……
真的假的？那不是妳的工作嗎？
呵呵呵……
對了！
妳等我一下喔！
匆忙!!
……呃，喂喂！
嗯——妳現在有空嗎？

被生產出來的物品原本並不是商品↓P164

五代姊太見外了吧！
憑我們的交情……
真是謝謝妳，翔子！
那我們就快點開始吧！
好久沒有這麼熱血了！

完成了！
真
棒
謝謝翔子阿姨！
不過這個設計的細節好多，如果量產的話……
成本有點……
碎念
碎念
五代姐，這不是工作啦！
喔喔，對！我又忍不住了……
緊張

被生產出來的物品原本並不是商品↓P164

Kapital 46

資本家也會被商品牽著鼻子走

商品生產社會以「賣得出去的東西」為優先

馬克思將資本主義，稱為廣義上的「商品生產社會」。如同第42頁所說，商品具有使用價值與交換價值。在商品生產社會中，那些能創造價值的勞動，會優先於生產自己所需之物的勞動。

漫畫中的五代，打算為了女兒製作童裝，這在近代以前的自給自足社會中並不稀奇。然而，在商品生產社會的企業活動中，則可能會出現「即便少子化，童裝仍是未來有利可圖的領域」這樣的說法，於是，就連平價品牌也可能積極切入這個市場。

如此一來，當商品的使用價值不如其交換價值時，相較於「需要的東西」，那些「賣得出去的東西」就會被大量製造出來，而社會上除了「必要的工作」，還會出現「能賺到錢的工作」。例如，過去把自己拍攝的影片上傳到網路上的人都是基於個人興趣，也沒有「YouTuber」這個稱號。但隨著點閱次數增加、開始帶來廣告收入，甚至建立觀眾付費觀看的機制之後，拍影片就成為一種職業了。

原典對照

第1篇〈商品和貨幣〉

第1章〈商品〉

【必要工作者】

例如，醫療從業人員、消防員、運輸業者等，擔任維持社會日常運轉的人，稱為「必要工作者」。然而，他們的工資與勞動條件不一定會優於其他工作。這是因為在商品生產社會中，「必要的工作」不一定是「賺錢的工作」。

技術革新之後，生產成本就降低了

支撐「YouTuber」一職的，是那些觀看影片並願意付費的觀眾，也就是「消費者」。在近代資本主義尚未確立前的社會中，不僅沒有受雇工作的「勞動者」，就連購買商品的「消費者」也幾乎不存在。除了少數都市居民與王公貴族，人們的生活都是自給自足。

消費者在面對品質差不多的商品時，往往會選擇價格較低的那一方，因此像五代這樣的經營者，必須緊盯成本，並為此進行「技術革新」。**如果在技術上能降低生產成本，就能像路上隨處可見的uni noir衣服那樣，透過薄利多銷來增加利潤。**

美國的亨利・福特，就是這種大量生產的先驅。在汽車仍是高價商品的二十世紀初期，福特推出了設計簡單、能大量生產的「T型車」，結果大獲成功。

馬克思在撰寫《資本論》之前，就已在《共產黨宣言》中指出，肩負資本主義的工商業資產階級，必須在生產手段及生產關係上不斷革命，否則就無法生存下去。照這樣看來，全心投入經營的五代，其處境就跟騎自行車一樣——若不繼續前進，就會倒下。

> 「使用價值同時也是交換價值的物質載體。」

【亨利・福特】
美國企業家。1903年創立了福特汽車公司，隨後在工廠中引進使用輸送帶的大量生產系統。福特在1908年推出的T型車，是一款連勞動階級也買得起的平價汽車，也是一款熱銷二十年、總產量超過1500萬輛的商品。

熱賣商品一出現，馬上就會有類似商品來搶奪市場。

Kapital
47 勞動者製造出來的東西不會直接變成商品

在昆蟲的世界，只有產品沒有商品

馬克思將勞動視為是自然界與人類之間的物質代謝。人們從自然界中收穫作物，加工成食品；開採原油及鐵礦，做成工業製品，然後加以消費。自然界中的空氣、礦物或樹木等，不會自己變成商品。

人類從自然界取得資源、再加工製成的產品，也不會直接成為商品。**產品只有在與其他商品交換時，才會變成商品。**例如，蜜蜂和人類一樣，是會形成社會的生物，牠們會將採集來的花蜜儲存在蜂巢中，但卻不會把花蜜拿去與別的生物交換其他物品——在蜜蜂的社會中只有「產品」，沒有「商品」。

中世紀的歐洲農民，除了滿足自己的日常所需，還會將收穫物納貢給領主或教會。不過，這些收穫物並不是進入市場流通、與其他商品進行交換，因此也不能稱為是商品。在近代商品生產尚未確立的社會中，某些文化圈會在豐收之際，將多餘的收穫物用於宗教儀式或社交贈禮，甚至豪爽地一口氣消費掉。

原典對照
第1篇〈商品和貨幣〉
第1章〈商品〉

【十分之一稅】
中世紀的西歐，人們將穀物或家畜等收穫物的十分之一納貢給教會的制度。目的是用來維持教會及神職人員的生計。近代已逐漸廢止。

【散財宴（potlatch）】
指北美部分原住民與其他部族之間，互相餽贈的

> 「產品要成為商品，其使用價值必須藉由交換轉移給得以受惠的他人。」

使用價值與交換價值

■使用價值

如果衣服和米僅能滿足消費者的慾望，那麼它就只是單純的「產品」。

漂亮
溫暖
好吃
有營養

■交換價值

如果一件商品可以交換另一件商品，產品就能變成商品，具有「交換價值」。

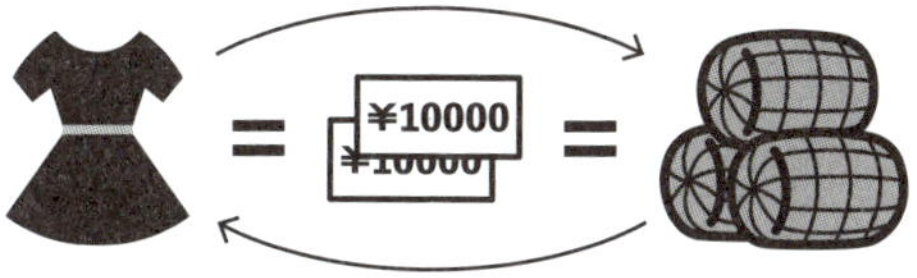
¥10000

在價值前面，勞動會失去個性

如果五代是在自家為女兒做衣服，那就屬於傳統自給自足體制下的生產與消費，女兒穿的衣服只有使用價值，不會成為商品。但是，在近代商品生產社會形成後，原本是為了滿足自身需求而進行的生產勞動，逐漸被「以交換價值為目的」的生產勞動取代——馬克思稱之為抽象化的人類勞動，與創造使用價值的具體勞動相對。

所有的勞動，本質上都是不同的。例如製作衣服、運送製作好的成衣、將衣服陳列在商店中銷售等。然而，在談到「創造價值」的時候，這些具體性就被忽略了，一切的勞動都僅用勞動時間來衡量其價值。

習慣。這並非是交換商品，而是一種顯示自己財力的禮儀，也有些是單方面的奉獻生產物。

【農業的職業化】

日本的農村長期以來，連食物以外的日用品都是自給自足，因此農民並非專職於務農。民俗學者柳田國男在《明治大正史世相篇》中指出，作為職業的農業，是一種「嶄新的職業」。

賣不出去的東西就不算是商品！

Kapital 48

商品的價值取決於它跟其他商品的比較

原典對照

第1篇〈商品和貨幣〉

第1章〈商品〉

商品價值來自它與其他商品的對比

如果五代製作一件售價2萬9800圓的洋裝，能以29萬8000圓售出，那自然是很幸運。然而，所有商品都有「大概是這個金額」的市場行情，因此這種情形不太可能發生。那麼，市場價格是怎麼決定的呢？馬克思對行情的說明，被稱為「價值形態論」。

所有商品都會與其他商品對比，例如，兩件2萬9800圓的洋裝等同於一台5萬9600圓的電視，或等同於二十張2980圓的CD。**馬克思把用來衡量價值的其他商品稱作「等價形式」；而被拿來衡量價值的商品，則稱為「相對價值形式」**。如果五代做的衣服是等價形式，那麼與之對比、被衡量價值的商品，就是相對價值形式。

在比較商品時，會以像是「穿起來暖和的衣服」、「聽起來愉快的CD」等商品的性質（使用價值）作為比較對象。但是，衡量商品交換價值的標準，就不是商品的「質」，而是商品的「量」。也就是說，比較的對象就不是使用價值，而是做一件衣服所花費的勞動時間。

【黑格爾的影響】

《資本論》深受十九世紀初德國哲學家黑格爾的影響。黑格爾認為，世界是由各種事物的二元對立所構成。他主張，當矛盾的兩造克服矛盾時，就能達到一個新階段。這就是所謂的「辯證法」。在馬克思的《資本論》中，矛盾的兩造就是資本與勞動

「相對價值形式」與「等價形式」

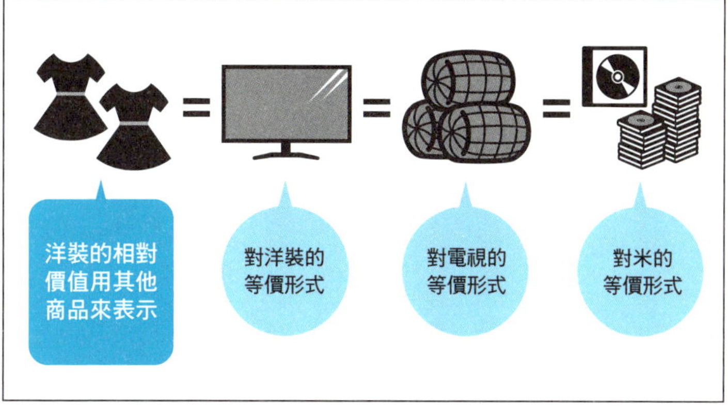
洋裝的相對價值用其他商品來表示
對洋裝的等價形式
對電視的等價形式
對米的等價形式

任何事物都能成為衡量價值的標準

在商品交換的現場，五代縫製衣服的具體勞動已經被忽略，而被抽象地看作是人類勞動的產物。所有商品一旦成為比較的對象，就會失去其個性，被視為是承載著一定數量的價值之物。

更簡單地說，重量的單位是如何決定的呢？將一定數量的砂糖放到秤上，以1克或1磅、1貫等作為基準重量，再以此比較鐵或其他東西，只要重量相同，也會被視為1克。此時作為基準之物，也可以是砂糖以外的任何東西。換言之，**最初作為基準的商品，即使不是衣服，而是鑽石之類的寶石也可以，但那樣的「價值根據」其實根本不存在。**仔細想想，實在是令人吃驚。

者，而能克服此矛盾的則是共產主義。

【鏡像理論】將某種事物與另一種事物進行對比，並賦予它們等質存在的價值，這樣的價值形式論也適用於解釋人類的各種活動。

法國精神分析醫學家雅克．拉岡提出了鏡像理論，主張嬰兒透過看到鏡中映出的自己，或其他人的身影時，才開始認識自己的身體。

> 「過去沒有任何化學學者，曾在珍珠或鑽石中發現其交換價值。」

珍珠也需要用別的商品來顯示它的價值。

Kapital 49

黃金和白銀本身不具任何價值

以前的黃金，也是一種名為「黃金」的商品

人為什麼要為了錢而工作呢？因為無論是衣服、食物或任何東西，錢就是獲得這些東西的手段。所有商品的價值都以等價形式來表示，而發揮等價形式功能的就是貨幣。

如第46頁所述，貨幣是「專門用來交換其他商品的商品」。如果是用五代做的衣服當成貨幣，搬運將會是很大的問題。況且，「衣服是用來穿的」這個使用價值也會被忽視。而金銀正是基於其數量稀少、難以偽造、質地均一、數量易於表示、容易加工等理由，才成為貨幣的主要材料。作為貨幣使用的黃金，最初也是一種名為「黃金」的商品。在古代的東亞，最初使用的貨幣是珍貴的貝殼——人們支付貝殼給兜售黃金的商人。

按照馬克思的說法，在他之前的經濟學家們，似乎從一開始就誤以為金銀是價值的基準，從未認真關注商品交換這個行為的本質。不過，馬克思的觀點也並非全是他獨創，**像是「商品的價值要與其他商品比較來表示」這個觀點，早在古希臘時代，亞里斯多德就已經提出**，馬克思只是更深入探討它罷了。

原典對照

第1篇〈商品和貨幣〉

第1章〈商品〉

【亞里斯多德】

西元前四世紀的希臘哲學家。亞里斯多德是柏拉圖的弟子，曾擔任征服西亞一帶、亞歷山大大帝的老師。根據馬克思的說法，亞里斯多德雖然注意到不同商品之間的等價形式，但他認為那只是「針對實際所需的緊急措施」，並未深入深究。

「沒有貨幣的社會」難以實現

那麼，「沒有貨幣的社會」有可能成真嗎？與馬克思生活在同一時代的法國革命思想家普魯東提出，「直接把勞動時間當成貨幣就行了」，也就是根據工作量的多寡，來分配衣服或食物等酬勞。不過，若每次都以實物支付酬勞，存放上就得大費周章。若改採實物兌換券的方式，其結果又變成和貨幣一樣了。

現代社會不再像從前的農村那樣，是自給自足的體制。在商品生產社會中，購買他人生產的衣服、食物，是稀鬆平常的事。紙幣本身只是一張紙，但在馬克思生活的時代，**像英國這樣經濟發達的國家，採用的是以一定數量的黃金作為支撐貨幣價值的金本位制，紙幣隨時都能兌換等值的黃金**。

進入二十世紀之後，兩次世界大戰與經濟大蕭條導致各國開支劇增，以黃金來支撐貨幣價值變得越來越困難。先進國家在１９７１年完全廢止金本位制，轉而實行由金融政策及市場動向來決定貨幣價值的浮動匯率制。

「黃金僅以貨幣的形式對比其他商品，是因爲早在過去，黃金就已作爲對比其他商品的商品。」

【尼克森衝擊】

美國在第二次世界大戰後仍持有大量黃金，維持金本位制，美元也成為國際上的主要貨幣。然而１９６０年代，美國因介入越戰，軍事費用不斷增加，無法繼續維持黃金儲備。於是，尼克森總統在１９７１年宣布廢除金本位制，美元轉為不再以黃金作為價值支撐的浮動匯率制。

Kapital 50

崇拜金錢卻忽略商品使用價值的戀物癖

原典對照

第1篇〈商品和貨幣〉

第1章〈商品〉

對金錢執著的戀物癖

馬克思分析了這個人們被生活中的商品圍繞、重複進行商品交換的世界。但即使明白了這個機制（就像漫畫中忙於工作的五代一樣），我們身處其中的現實並不會有任何改變。馬克思說，這就像科學家在分析空氣，就算得出「氧氣有幾%，二氧化碳有幾%」的結論，也不會改變這個事實。

儘管如此，比起商品的使用價值，人們對體現交換價值的物體（即「金錢」）會更執著，這完全是本末倒置的行為。馬克思將這種現象，稱為是對貨幣的「物神崇拜」，也就是「戀物癖」。今天的「戀物癖」一詞，是用來指稱某種特殊嗜好，例如喜愛漂亮的制服、對異性的腳有無法克制的慾望等，但其原意其實是指相信且崇拜那些具有法力或神聖力量之物。人類對貨幣產生物神崇拜的現象，出現在如今這個商品不斷交換的世界中。但人類並非本來就是如此。**馬克思認為，工業革命後誕生的資本主義社會，是歷史所造成的特殊情況。**

【紅色高棉】

實際曾執行「打造一個沒有金錢的社會」這類社會實驗的，就是柬埔寨的紅色高棉。

1976年掌控柬埔寨全境的紅色高棉，在總書記波布的領導下，廢除了資本主義，將都市居民強制遷移至農村，廢止貨幣，回到以農業為中心的

物神崇拜的例子

「物神」一詞的原意，是原始的信仰對象。圖中的磐座，是神靈居住的岩石。

過去也曾有不受金錢束縛的社會

許多人會以《魯賓遜漂流記》為例，來看資本主義出現前的生活。在無人島上自給自足生活的人，並需要貨幣。即使文明發展到例如中世紀的歐洲，人們仍是直接把農作物繳交給領主或教會，或以勞役形式繳稅。在這個階段，使用貨幣進行交易還不是普遍的事。

此外，在資本主義社會中，擁有工廠等生產手段的人支配勞動者；**但在中世紀的農村，作為生產手段的土地，許多都屬於聚落住民的共有財產。**馬克思正是以此構思出，透過共有生產手段來解決資本家與勞動者之間不平等的社會。

社會。

同時，該政權片面逮捕與處決異己，包括那些因強制勞動而衰弱致死者，共有多達一百至兩百萬人為此犧牲。柬埔寨國內相繼出現反對獨裁體制的人，加上與鄰國越南的關係惡化，1978年遭到越南軍隊入侵，紅色高棉就此瓦解。

> 「商品世界的物神性格（略），是源自於生產商品的勞動所具有的獨特社會性格。」

Kapital 51 看似自由的勞動者 其實過得很辛苦

自由但一無所有的勞動者

在資本主義社會中，勞動者只出售上班這段時間的勞動力。如果24小時都為雇主工作的話，那就跟從前的奴隸一樣了。

馬克思指出，勞動者在兩個層面上是自由的。首先，他們能自由地出售自己的勞動力；其次，由於除了勞動力以外，他們沒有其他可出售之物，因此將勞動力化為現實的這個行為，也是自由的。只不過，勞動者並不具備能將勞動力具體化的「生產手段」，所以他們是處在一種懸而未定的狀態。

對資本家來說，勞動者就跟工廠內的機器一樣，都是生產設備的一部分。但勞動者是活生生的人，他們會疲勞、會肌肉痠痛，若長期受到職場霸凌，也可能會精神崩潰而導致無法工作。若缺乏充分的飲食、休息與睡眠，遲早會過勞致死。馬克思指出，這種「勞動力再生產」所需的金額，也包含了「補充人員的生活手段，也就是勞動者子女們的生活手段」，因為勞動者並不是生來就是二十幾歲、擁有強健的肉體。

原典對照
第2篇〈貨幣轉化為資本〉
第4章〈貨幣轉化為資本〉

【自由工作者】

或許是因為基督教中有「神與信徒的契約」這一概念，在西方，自古就有契約行為。例如戰爭時，與王公貴族締結金錢契約的傭兵就相當盛行。而自由工作者（Freelance），原意就是指持有長矛（Lance）的自由傭兵。

「勞動力」這個商品需要維持成本

近代產業資本主義確立之前，中世紀歐洲的農民在扣掉星期日、一週六天的勞動當中，有三天是在自家農地耕作，另外三天則是為領主或教會做勞役。而江戶時代的日本，雖然有地域和時代的差異，但農民所繳納的年貢比例大致也是「五公五民」（領主收一半，農民保留一半）。

近代以前，無論是農業或商業，基本都是個人經營的家業。經營者為一家之長，比起花錢雇用他人，更常將自己的兄弟或妻兒當作勞動力使喚。既然是家人，當然就得照顧他們的生計。但是到了資本主義社會，勞動者與經營者之間是自由訂立契約的關係，如果左右田對工資或工時不滿，五代也可以不予理會，找其他人取代她。甚至也有經營者認為，與其付出資深員工的維持成本，不如將之替換成資歷淺、不會抱怨的新手更划算。這就是「黑心企業」的做法。

話雖如此，**若無法提供足以維持勞動者健康的工資和環境，就無法再生產「勞動力」這個商品。**就像ＩＴ設備的價格包含了某些免費支援的費用，勞動力這個商品的價格也有包含維持費的必要。

> 「勞動力的擁有者並非是不死之身。」

【少子化加劇的理由】

在商品生產社會形成之前，無論是農家或個人商店，孩子都是家庭內的勞動力，當時並不重視孩子的教養。

然而，在經濟已成長的國家中，社會轉變為以第三產業為中心，就業時，學歷成為必要條件，子女的養育成本隨之上升。若雇主無法提供足以扶養孩子的薪資，就無法再生產下一代的勞動者。

Kapital 52

勞動力與勞動的價值完全是兩回事

原典對照

第6篇〈工資〉

第17篇〈勞動力的價值或價格轉化為工資〉

真正合理的工資正在消失

勞動與勞動力，就像機器與它的功能一樣，兩者是不同的東西。勞動是使用勞動力的作業，而勞動力則是產生新價值的力量，例如製作衣服等。若說成「勞動的價值」，容易忽略其主體是活生生的人。但是，出售勞動力的人，若過度操勞，遲早會死去。為了準備下一個勞動者，還需要足夠的錢來養育子女。

五代雇用左右田，若只求收支平衡，那麼雇用她就沒有意義。資本家必須從「勞動力」這個商品，生產更多價值。換言之，他們購買的是「能創造超出工資的剩餘價值」之勞動力。但只要仍以勞動時間為基準交換工資的話，資本家和勞動者都察覺不出這一點。

近代以前的農民，能清楚區分自己究竟是在自家農地上為自己工作，或是為領主、教會工作。**但是在工廠或辦公室上班的現代勞動中，無法一眼看出哪個部分是自己應得的報酬、哪個部分是資本家的利益。**

【美國內戰】

在十九世紀的美國，工商業發達的北方主張自由貿易，而驅使黑奴以進行大規模棉花種植的南方則主張要保護貿易。在利害衝突及彼此對奴隸制度的異議下，1861年爆發了美國內戰。1865年北方獲勝，奴隸制度因此而廢除。

「勞動力的價值」與「勞動的價值」

勞動力的價值

勞動力的價值，是由再生產該商品所需的價值來決定。也就是說，為了隔天也能繼續工作，所需要的食衣住行等價值。

勞動的價值

勞動的價值，是指透過使用勞動力所創造出來的所有價值。

自由的勞動者與奴隸無異

在美國內戰時期，提倡自由貿易的倫敦公報《晨星》，曾經揭露美國南方黑奴的悲慘待遇。為此馬克思卻撰文諷刺，「若能將黑人的日常開銷與倫敦的自由勞動者比較就好了」。

黑奴雖然遭受殘酷對待，但雇主至少還提供最低限度的住居和飲食。而倫敦的勞動者看似自由，卻連這樣的保障都沒有。就連現代的日本，也有所謂的「窮忙族」——即便有全職工作，工資也無法維持生活所需。這與當時的情況如出一轍。**因為在形式上，只要支付與工時相應的工資，就不用管是不是真的滿足勞動者再生產所需的錢了。**

> 「勞動工資的形式，抹去了將勞動日區分爲必要勞動與剩餘勞動、支付勞動與未支付勞動的所有痕跡。」

【窮忙族】截至2020年，日本單身戶的生活保障給付額約為每個月10至13萬圓。然而，竟有不少全職工作的工資低於這個金額。造成這個普遍低薪現象的背景，包括年功制的廢止、非正式雇用數遽增等。京都地方工會總評議會在2019年曾試算，二十五歲大學畢業單身者的基本生活開銷為24萬圓。

如果勞動不超過支付的工資，公司怎麼能賺錢呢？

Kapital 53 勞動者之間的競爭最終會害到自己

雇主會在相同條件下找能做更多事的人

勞動的報酬會以例如日薪1萬圓、月薪20萬圓等形式支付，這種在每個固定期間的勞動力價值，稱為「時間工資」。

勞動者會在意薪資明細上標示的金額，但他們的勞動中包含了剩餘價值，因此實際創造出的價值應該會高於名義上的日薪或月薪。然而，**勞動者看不見自己所生產的剩餘勞動**，因此雇主（資本家）可以主張該工資金額是合理的，並將之壓低到勞動力再生產所需的最低限度。如果五代說「就算左右田一天工作8小時，但生產力太低，所以不得不調降工資」，那麼左右田為了確保必要的生活費，就只好加班工作。

相反的，如果在相同條件下，出現一個能工作得更久、做更多事的人，那麼對五代來說，就是更理想的人選。假設有一位名叫上下田的人，能一個人完成左右田兩倍的工作，五代只要支付一個人的工資，就能獲得兩倍的生產力。在morpho內部，也會開始出現「要向上下田學習」的聲音，其他員工也不得不以上下田為標準。

原典對照
第6篇〈工資〉
第18章〈時間工資〉

【零工經濟（Gig economy）】
透過網路承接單次或短期工作的形式。「Gig」原指音樂人單次的現場演出。例如Uber Eats的個人餐飲外送服務，對雇主來說是能靈活運用的存在，但由於缺乏完善的福利制度與薪資保障，不能算是穩定的職業。

勞動者之間也會削價競爭

又或者，即使左右田選擇離開ｍｏｒｐｈｏ，也可能出現一位願意接受更差勞動條件的前後田。現實社會中，確實有人為了生活而屈就某份條件惡劣的工作。如果有人自願加班，沒有加班費也無所謂，對五代來說就再好不過了。

有時對經營者而言，雇用按時薪計算的兼職人員會更有利。若一天只工作３或４小時，即使換算成全職８小時的工資不足以支撐其生活，雇主仍可主張自己沒有錯。於是就會出現「與其讓左右田上全天班，還不如雇用時薪１０００圓的工讀生東西田比較划算」的情況。不管是上下田或前後田，未來也可能被願意以更低工資工作的人取代。**對經營者來說，尋找更廉價的勞動力，就跟選擇成本更低的供應商一樣。**然而，不斷削價競爭，終究會導致成本崩裂、得不償失。這對勞動者來說也一樣。即使上下田或前後田沒有要搶走左右田工作的惡意，但勞動者若陷入「就算條件差一點，我也願意做」的競爭，最終還是會傷害到自己。

【白領豁免（White-Collar Exemption）】

在２０１４年的產業競爭力會議中，曾提出針對事務類辦公室工作者，在不考慮工時長短的情況下，依工作成果支付薪資的「白領豁免制度」。但由於有導致「固定薪資下無限制使用勞動力」等過重勞動的疑慮，最終未提交國會審議。

> 「勞動者之間發生的競爭，使資本家得以壓低勞動價格。」

Kapital 54

論件計酬的勞動者並不會更輕鬆

「產量的行情」是經過仔細計算的

如果是像「做一件衣服賺1萬圓」這樣的論件計酬方式，比起時薪1000圓、月薪20萬圓的時間工資，因為是將工作成果直接換算成工資，似乎更有成就感。但馬克思並不以為然。他認為，**這樣只是把「每小時的工資」換成「每件產品的工資」而已。**在論件計酬的情況下，像是morpho製作一件洋裝，或是IT設備工廠組裝一支智慧型手機，「生產這個產品大約需要多少作業時間」這種估算，會根據過去的經驗被預先設定成一個行情，並以此決定工資。

在馬克思生活的時代，倫敦某個大型裁縫工廠，將一件背心稱為「一小時」或「半小時」，所謂一小時，就是換算成66便士的金額。如此一來，這與時間工資的計算方式幾乎沒有什麼不同。

原典對照

第6篇〈工資〉

第19章〈計件工資〉

【泰勒制】

指十九世紀末至二十世紀初，美國的F・W・泰勒提出的生產科學管理法，包括：觀察工廠勞動者的各項作業、統一工具與機器、制定各項作業的標準操作時間及最佳工序，並以此編寫作業手冊。這些方法成為現代生產、經營工程的基礎，也

中間剝削與多重轉包的風險

如果是熟練某項工作的老手，論件計酬的方式會比較有利。相對的，新手則會很吃虧。**在論件計酬的制度下，「能幹的人」會賺得更多，勞動者之間的競爭也會更激烈。**再者，與時間工資不同，由於工作成果會直接反映在工資上，所以不太會出現趁監督者不注意稍作休息，或放慢節奏等行為——即使上司什麼都沒說，員工也會自動努力工作。因此對經營者來說，論件計酬是一種有利的制度。

「這段時間應該能做出這些數量的產品」這種基準，隨著競爭只會更嚴格，而且很難回頭放寬。漫畫中的morpho應該也有負責開發成衣通路的業務部門，某些公司會在牆壁上張貼每位業務員的業績成果——業績好的人自然會很得意，但業績不好的人則會承受巨大壓力。「績效好的人」會因此被當成基準，成為一個被大家默認的指標。

馬克思還舉了一個例子：資深工人與雇主締結「做一件可以得到多少酬勞」的契約，然後再將工作分派給其他人去完成。由於並非是採時間工資，那些負責交付成果的人可以將工作轉包給其他人，自己再從中剝削。換言之，**資本家對勞動者的剝削，又被壓縮成勞動者對其他勞動者的剝削。**這便演變成現代的派遣人員與多重轉包的機制。

”「論件計酬只不過是時間工資的轉化型態。」“

推動了勞動者的單一化。

【斯達漢諾夫運動】

1930年代，蘇聯煤礦工人阿列克謝・斯達漢諾夫創下遠超勞動標準的成果，因而興起勞動者們「向斯達漢諾夫學習」的運動，工人之間在勞動量上激烈競爭，因能力差異也造成彼此的工資差距擴大。

Kapital 55

懂得利用海外勞動力來降低成本的資本家

原典對照

第6篇〈工資〉

第20章〈工資的國民差異〉

工資會隨著國家的生產性上升

馬克思生活的十九世紀中期，最先進的工業國是英國，其工資高於法國、俄國、奧地利等其他歐洲國家。馬克思指出，高生產性的國家工資會較高，反之，在生產物價值中所占的勞動力價值，則是新興國家較高。

當健全的經濟成長持續發展，生產性向上，工資會提升，物價也會跟著上漲。反過來說，**利用工資或物價未上升階段國家的勞動力，就能壓低生產成本。**五代也考慮利用這一點，在人事費低廉的海外工廠進行大量生產。

日本在1960年代的高度經濟成長期之前，也因人事費低於英美等主要先進國，而作為出口產業的一大優勢。然而，隨著生產性提升，日本的工資與物價也隨之上漲，反過來又開始依賴鄰近亞洲國家低廉的勞動力。到了2020年代，韓國的工資水準已經超越日本，中國的工資也急速上升，歷史就是這樣一再重演。

【日本的外國人技能實習制度】

日本引進來自東南亞等新興國家的外國人技能實習生，與企業或個人事業主締結雇用契約，一邊工作一邊學習技能。雖然日本的平均工資比實習生的母國高，但也有實習生的待遇低於日本一般薪資且

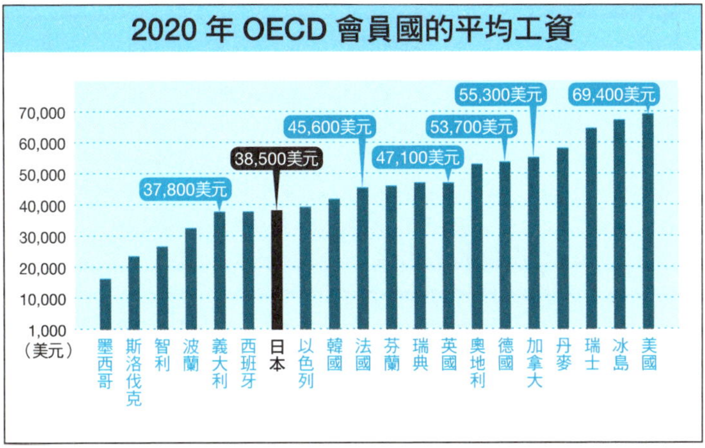
2020 年 OECD 會員國的平均工資
70,000
60,000
50,000
40,000
30,000
20,000
10,000
1,000
（美元）
37,800美元
38,500美元
45,600美元
47,100美元
53,700美元
55,300美元
69,400美元
墨西哥
斯洛伐克
智利
波蘭
義大利
西班牙
日本
以色列
韓國
法國
芬蘭
瑞典
英國
奧地利
德國
加拿大
丹麥
瑞士
冰島
美國

OECD 是經濟暨合作發展組織的縮寫。在先進國家中，日本的薪資成長停滯不前。

「若一國的資本主義生產發展起來的話（略），國民的勞動強度與生產性也會高於國際水準。」

在同一國內也會利用廉價勞動力

在馬克思所處的十九世紀，使用外國人作為廉價勞動力的現象也很普遍，**當時所使用的是從歐洲各國的殖民地及從非洲大陸引進的黑奴。**

此外，即使在歐洲各國內，女性與兒童由於體力不如成年男性，且多數情況下並不需要養家糊口，因此他們的工資也低於成年男性。在狹窄的煤礦坑道中，體型矮小的兒童被迫進行繁重的勞動；而市郊的紡織工廠裡，大量未婚女性則忍受著呼吸道傷害、在飛揚的粉塵中勞動。如此惡劣的勞動環境，一直到了十九世紀後半才逐漸獲得改善。

過度勞動，或是被派到與原本應該學習的技能領域完全不同的職場。

【人事費與技術革新】

1950年代的印度，雇用徒手從事體力活的勞工，比購買一把鐵鎚還便宜。當人事費變高時，就會促進技術革新。現代的日本，為了因應人力短缺及縮減人事費等問題，除了增加外國勞工外，超市或便利商店也紛紛引進部分自助收銀機等設備。

我們公司
也要在東南亞
設廠！

左右田辭職！ morpho 的業績……

好，今天也一起努力吧！
其實……
怎麼啦？
嗯……
辭職信
那個……這個……
這樣啊……
捏
可以告訴我理由嗎？

我不是討厭五代姐
或是這間公司……
只是……我理想中的服裝設計，
可能沒辦法在這裡實現了！
妳說得對……我明白了。
翔子——謝謝妳一直都陪著我。
因為有妳在，我才能夠撐到現在。
五代姐……對不起……
謝謝妳。

拍手
拍手
拍手
拍手
拍手
左右田小姐，您辛苦了！
就算離開morpho，也要再找我們聚餐喔！
說到底，翔子可是我們當家的設計師……
一定會影響公司業績的……

就算只是重複同樣的生產，利益也會增加↓P188

資本家也是資本的齒輪之一↓P198

Kapital

56 只要重複同樣的生產就能不斷獲利

單純再生產就能增加資產

在農村，收割後就要準備為明年的收穫播種，所有生產活動都不會只製造一次商品，必須不斷重複生產。**延續與前次同樣規模的投資和回收，就是「單純再生產」；而將所獲得剩餘價值的一部分，投入比前次更大規模的新投資，就是「擴大再生產」。**在不斷競爭的資本主義社會，多數企業不會止步於單純再生產，而是邁向擴大再生產。

即使只是單純再生產，資本家的資產也會繼續增加。不管創業的資金是怎麼來的，只要生產活動持續運轉，資本家就能持續不斷地獲得剩餘價值。假設五代借了1000萬圓，購買一台能完成裁剪、印刷、熨燙與壓紋的工業用縫紉機。透過左右田等人的勞動，每月帶來1200萬圓的營業額、200萬圓的剩餘價值，那麼即便每月用100萬償還貸款、另外100萬圓作為自己的生活費，也還有1000萬圓的收益。而且，當貸款還清後，這台機器就會成為五代的資產，生產效率也會提升。再者，由左右田等人製作的商品，也是歸五代所有。

原典對照

第7篇〈資本的累積過程〉
第12章〈單純再生產〉

【勞動者的再生產與飲食】

馬克思提到，南美的礦山業者為了提高勞動者的效率，考慮到他們的營養攝取，便在其飲食中添加豆類，而不是只提供麵包。十九世紀末在中南美經營大規模農場的聯合果品公司（United Fruit Company，現今金吉達品

「生產的諸條件同時也是再生產的諸條件。」

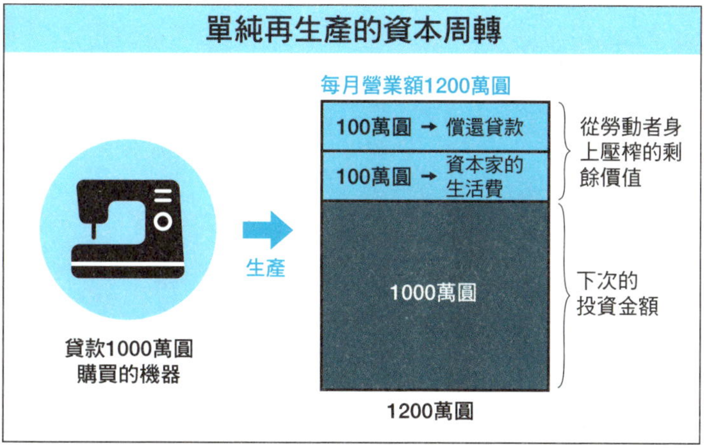
單純再生產的資本周轉
每月營業額1200萬圓
100萬圓 → 償還貸款
100萬圓 → 資本家的生活費
從勞動者身上壓榨的剩餘價值
1000萬圓
下次的投資金額
生產
貸款1000萬圓購買的機器
1200萬圓

當貸款還清之後，這台縫紉機就是資本家的所有物。

勞動者自己再生產的必要性

持續再生產，必須以能持續再生產出勞動力為前提，才能不斷創造剩餘價值。像辦公室裡的設備與電器，一經使用就會耗損。馬克思稱這種能增加價值的消費為「生產性消費」。另一方面，資本家和勞動者也有下班後的娛樂等「個人性消費」。**勞動者的身體屬於生產手段，而為勞動力再生產支付足夠的費用，也算是正當的生產性消費。**

然而，和無法自我修復的機器不同，人類的身體即使疲勞或受傷，通常仍能自行恢復到某種程度。加上體力與精神力因人而異，故勞動者的維持成本經常被忽視。

我記得五代姐創業時也有貸款呢！

牌國際公司的前身），大量栽培原產於東南亞的香蕉，作為廉價食材賣給農場工人。這說明勞動者的身體也開始靠資本家販賣的食品來維持。

另一方面，在十九世紀後半到第一次世界大戰期間，法國巴黎的勞動者對作為主食的麵包與馬鈴薯，消費量幾乎沒有改變，但葡萄酒、肉類、乾酪及砂糖的消費量卻大幅增加。這表示勞動者的所得上升，個人消費才得以增加。

Kapital 57 資本家偏愛那些階級不流動的勞動者

資本家與勞動者的立場趨向固定

近代以前的農民，自己在農地耕種、獲得食物，日用品也是在家自己製作。換句話說，他們自食其力，為自己再生產。而資本主義社會確立以後，從資本家與勞動者的整體關係來看，資本家不但利用勞動者獲得財富，同時還出售食衣住的商品給他們來牟利。

在這樣的關係式下，**勞動者階級的孩子又會成為新的勞動者，資本家與勞動者之間的關係也隨之被不斷再生產。**因此馬克思說：「勞動者在市場締結雇用契約前，就已經屬於資本。」

當不景氣時，資本家會為了刪減人事費而解雇勞動者，但對那些能為自己創造利益的有用之人，則會希望將他們留在身邊。漫畫中，左右田靠著多年工作經驗練就一身製衣技能，所以當她提出辭呈時，五代應該也感到相當懊惱。正因為存在這類情況，直到1815年前，英國都禁止操作機器的勞動者自由遷徙。在離都市較遠的礦山等地，資本家會將食物或日用品以高價賣給勞動者，甚至從工資中直接扣除住居費。

原典對照

第7篇〈資本的累積過程〉第21章〈單純再生產〉

【資本家支配的島】

1885年編入沖繩縣的南大東島，島上的甘蔗農場與製糖工廠，在全盛時期約有4000名居民。島內由製糖工廠的所長管理，以商品交換券代替日圓作為貨幣使用。一切日用品都是透過業者從外部採購，雖然價格相對昂貴，但勞動者沒有其

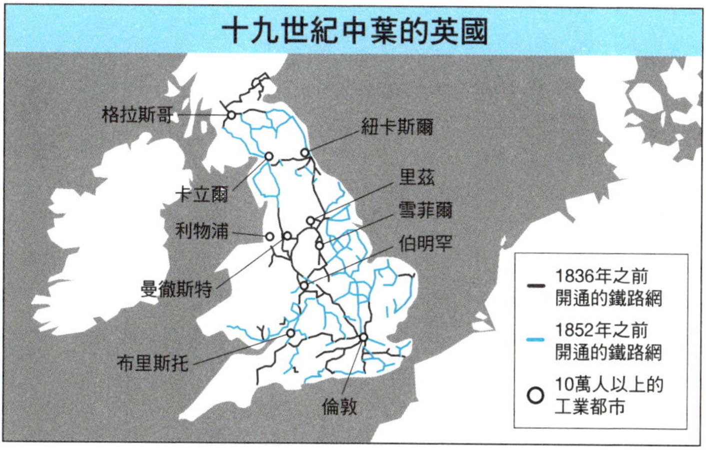
十九世紀中葉的英國
格拉斯哥
紐卡斯爾
卡立爾
里茲
雪菲爾
利物浦
伯明罕
曼徹斯特
布里斯托
倫敦
1836年之前開通的鐵路網
1852年之前開通的鐵路網
10萬人以上的工業都市
十九世紀中業，隨著運輸網絡的發展，人口開始向都市集中。

「活機器」的數量支撐資本

工業革命時期的英國，人口迅速向工業都市集中，例如紡織業盛行的曼徹斯特、出口港的利物浦、煤礦及製鐵業繁榮的紐卡斯爾等。但是當景氣衰退時，過剩的勞動人口成為負擔，資本家們開始討論是要將勞動者移往國外，還是要留在身邊。

反對勞動者移民的曼徹斯特商工會議所的E．波特強調，工廠裡的機器每天運轉，最終會老化過時，但工廠外那些每到夜晚和假日都可休息的「活機器」，卻能隨著時間累積經驗與技術——他口中的「活機器」就是勞動者。真是非常典型的資本家說法。

他取得物資的方法。這是資本家將勞動者集中在特定區域、徹底掌控其生活的典型案例。

【早期鐵路網及都市】

1830年，將曼徹斯特生產的纖維製品輸送到出口港利物浦的鐵路開通。這是世界上最早依照時刻表固定運行的交通設施。此後，鐵路網開始將各個工業都市與產品的消費地——倫敦連結起來。

> 「羅馬的奴隸被鎖鏈拴住，工資勞動者則被無形的繩子綁著，兩者皆繫在其所有者手裡。」

聽說
自營業者的
父母大多也是
自營業者。

Kapital 58

資本家會用一部分的利潤去增加資本

利潤可以再滾出利潤

在農業中，如果收穫超過了播下的種子，那麼把多餘的部分再用於播種，就能收穫得更多。假設morpho的初期投資是1000萬圓，獲得200萬圓的利潤，利潤率就是20％。若五代將其中的100萬圓留給自己，其餘100萬圓繼續投資公司，那麼這20％的利潤又可產生20萬圓的價值。如此反覆對原有資本投資，就是擴大再生產。

漫畫中的五代決定專心經營，不再親自製作衣服。資本家提供初期的資本，例如設備或商品原料，本身並不從事生產勞動。**但左右田等員工製作出來的產品，則全歸五代所有。**若公司發展順利，相較於累積的利潤，最初投入的資本簡直微不足道。

五代獲得的利潤，其實是來自員工所創造的剩餘價值。若她用左右田創造的剩餘價值去雇用新人A，再用A創造的剩餘價值去雇用B……，以次類推，若勞動力也持續擴大再生產，五代獲得的剩餘價值就會越來越多。

原典對照

第7篇〈資本的累積過程〉

第22章〈剩餘價值轉化為資本〉

【資本金】

公司組織為確保財產所設定的一定金額為資本金。中世紀歐洲的貿易商人，每次出海都會向出資者募集資金。這種由持續出資者（股東）營運的形式，就是股份公司。

1600年由英國皇室設立的東印度公司，是早期最具代表性的股份公

「爲了累積，必須將剩餘產物的一部分轉化爲資本。」

擴大再生產的案例

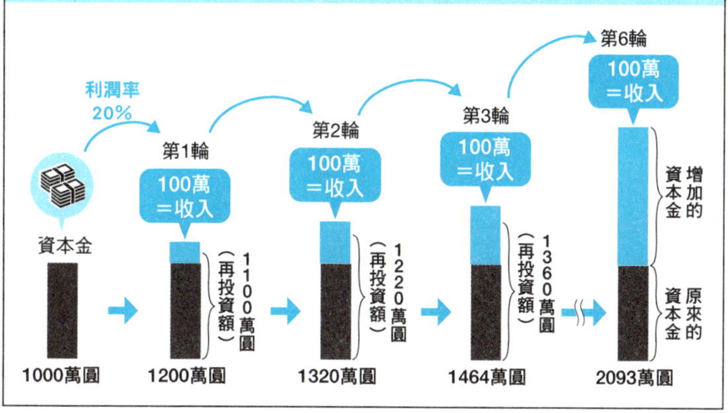
利潤率
20%
資本金
1000萬圓
第1輪
100萬
＝收入
1100萬圓（再投資額）
1200萬圓
第2輪
100萬
＝收入
1220萬圓（再投資額）
1320萬圓
第3輪
100萬
＝收入
1360萬圓（再投資額）
1464萬圓
第6輪
100萬
＝收入
增加的資本金
原來的資本金
2093萬圓

在第6輪時，增加的資本金已經超過原來的資本金。

勞動者的擴大再生產

由於工資金額的決定權掌握在資本家五代手上，只要她不調整工資，那麼就算morpho的業績成長，員工的薪水也只能原地踏步。只要勞動者願意繼續工作，那就表示他們同意這個金額，形同於等價交換。

在近代以前，這種情況並不普遍。因為農村社會多為自給自足，商業規模也很小，頂多是單純再生產而已。

但是在商品生產社會中，勞動者同時也是商品的消費者。**由於社會上多數人都是工資勞動者，所以資本主義的擴大再生產才能無限循環下去。**

司。該公司壟斷了英國與印度之間的貿易利權，一直持續到十九世紀。日本在2006年修訂公司法後，即使資本金只有1圓也能設立公司。在此之前，成立股份公司的最低資本金為1000萬圓。新創公司的資本金可以是自己籌措，也可以透過群眾募資，向不特定多數人募集認同該事業的資金。

morpho已經進入再投資的階段了呢！

Kapital

59 積極再投資的資本家會壓抑自己的物慾

資本家該把錢花掉或存起來的爭議

「擴大再生產」的想法並不是從資本主義初期就自然確立的。**資本家先是思考把賺到的錢存起來，而不是浪費掉。但這就像把錢藏進抽屜一樣，只是保管好而已，錢並不會因此增加。**因此，據說直到十九世紀初期，經濟學家們都在認真討論：資本家究竟應該把錢存起來，還是要投入市場消費？

畢竟當時除了已經進展到工業革命的英國以外，其他國家大多都還是農業社會，它們對資本家是怎麼靠工廠的大量生產與工資勞動者賺錢的，可能都還一知半解。

不過，在1830年的七月革命前後，法國也展開了工業革命，隨著資本主義生產體制的確立，法國的工資勞動者與資本家之間的衝突也越演越烈。在這股浪潮中，那些討論上述議題的古典經濟學家們已經落伍，取而代之的是馬克思的先驅，也就是早期的社會主義者，例如英國的歐文，法國的聖西門、傅立葉等思想家開始崛起。

原典對照
第7篇〈資本的累積過程〉
第22章〈剩餘價值轉化為資本〉

【保留盈餘】
指從企業的利益，扣除股票配息、董事酬勞後剩餘的錢，也可以是有價證券或土地，所以不僅是放在保險箱的儲蓄，也是用於累積資本的資金。

【七月革命】
1814年，拿破崙在法國垮台，波旁王朝復

再投資是為了節制長期慾望

資本家從剩餘價值獲得財富後，便要思考這筆財富應該用於再投資或是個人消費。前者稱為「再投資資金」，後者則是「個人消費資金」。英國經濟學家西尼爾認為，「再投資資金」與「個人消費資金」原本的分配比例，取決於資本家的節約或物慾意識，這就是所謂的「節慾論」。**實際上，熱衷於再投資的資本家，總是能為了增加財富而壓抑眼前的消費。**

美國南方曾盛行奴役黑人、栽培棉花，1865年美國內戰結束後，全國廢止了奴隸制度。馬克思曾撰文諷刺，喬治亞州的農場主終於不用再苦惱要把剩餘價值拿去喝酒，或買更多奴隸和土地了。

從長遠來看，對資本家來說，某些消費也可能是投資。如果五代獨自去享受豪華大餐，那就是個人消費，但如果是舉辦一場邀請大型服裝品牌經營者參加的聚會，那就是很好的行銷機會。或者舉辦像「只要追蹤morpho社群帳號，就能參加現金抽獎」這類活動，也是絕佳的宣傳。這筆開銷若能在日後帶來利益，就是一筆正當的投資。

> 「驅使他行動的動機，不是使用價值與享樂，而是交換價值及其增長。」

辟，但由於其政策極為保守反動，引發都市地區工商業者（資產階級）的反彈，於是在1830年爆發七月革命。

【空想社會主義】

在馬克思之前的社會主義者，如傅立葉等人，主張在產業發展的基礎上，透過財富再分配與社會保障來建構烏托邦社會。恩格斯稱他們的思想為「空想社會主義」，而馬克思的方法論則是「科學社會主義」。

Kapital 60

勞動者的工資並不會與資本家的獲利成正比

公司賺錢了，勞動者的工資卻不會增加

如果多數資本家都開始追求擴大再生產，競爭勢必會越來越激烈。那麼，資本家如何才能增加「再投資資金」呢？剩餘價值與對勞動者的剝削程度成正比。假設五代將左右田的工資減半，或是要求她一天五件衣服的產量增加到十件，那麼資本家的利益就會加倍。換言之，就是對勞動者加強剝削。

如果勞動者能不吃不喝，那麼就沒有工資問題了。工業革命時期的資本家主張，勞動者不該過得太奢侈，因此不願調整工資。馬克思提到，英國中部北安普敦郡的一位工廠主曾說，跟英國工人比起來，法國工人更好，因為他們不愛喝酒，也不想吃肉。

「人事費上漲，我們就會失去國際競爭力。」這是資本家的一貫說詞，而這套劇本也延續到了現代。儘管資本家分得的利潤越來越多，勞動者的工資卻未見提升。甚至，工作還會被外包到勞動力成本更低的海外。

原典對照
第7篇〈資本的累積過程〉
第22章〈剩餘價值轉化為資本〉

【現代的國際性剝削】
中國內陸的新疆維吾爾自治區、西藏自治區、內蒙古自治區，是著名的羊毛和喀什米爾羊絨產地。然而，這些地區的少數民族被迫以奴隸般的待遇工作，因而遭受國際社會的譴責。而中亞的烏茲別克雖是世界著名的棉花產

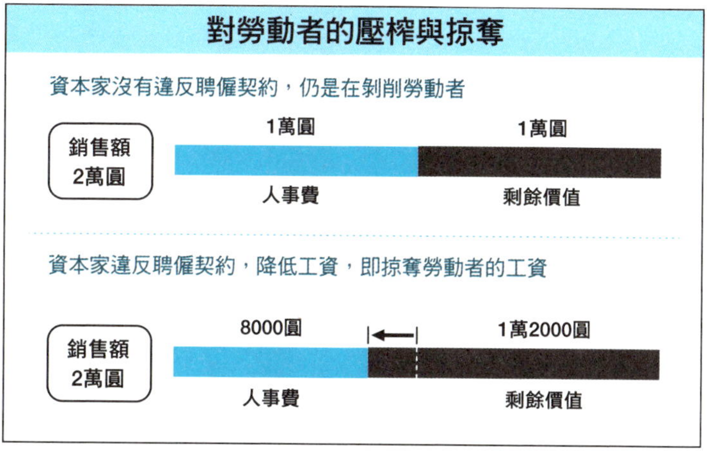
對勞動者的壓榨與掠奪
資本家沒有違反聘僱契約，仍是在剝削勞動者
銷售額 2萬圓
1萬圓
1萬圓
人事費
剩餘價值
資本家違反聘僱契約，降低工資，即掠奪勞動者的工資
銷售額 2萬圓
8000圓
1萬2000圓
人事費
剩餘價值

技術革新後，勞動者也沒有變輕鬆

隨著技術日新月異，生產力提高，資本家也能獲得更多利潤。雖然工廠的機器會耗損，但一般都會再替換成性能更好的機器。

假設五代把原本一天能做五件衣服的工業用縫紉機，替換成為一天能做十件的新機種，生產效率就會翻倍。若操作這台機器的左右田，她的工資不變，那麼五代獲得的利潤同樣也會翻倍。

事實上，超市的收銀機已從早期店員手動輸入金額的方式，轉變為讀取條碼的POS機，近年來甚至已進化成由顧客自行操作的自助結帳機。**但即使工作效率大幅提升，店員的工資卻沒有隨之上漲。**

地，同樣也因殘酷的童工問題而受到抨擊。

【勞動基金】

在古典派經濟學中，作為資本基礎的勞動者生計費用，被稱為勞動基金（勞動財源）。英國經濟學家佛賽特主張，應將社會上流通的流動資本除以勞動者人數，即可得出合理的人均工資。但馬克思認為，資本會彈性變化，因此工資必須固定的想法並不合理。

「如果勞動者能只靠空氣活著，那他們就不會以任何價格被買下了。」

我的增加的產能跟薪水不成比例啊……

Kapital

61 資本家無法擺脫擴大再生產的競爭

資本家也是資本的齒輪之一

漫畫中的五代，為了與其他成衣業者競爭而擴大morpho的規模。然而，這是否真的是出自於她的個人意志，其實有點複雜。

馬克思在闡明資本主義結構的同時，並未把每個資本家都視為是壞人。他在《資本論》的序文中寫道：「無論個人的主觀立場如何超然，但個人終究也只是社會的一分子。」換言之，**個人不過是社會的齒輪之一，而在當前社會中，支配階級也不斷地在變換**。

在資本主義社會中，資本家難以按照自己的意志行事，而是被迫參與擴大再生產的競爭。賭場的牌局可以贏一把就走，但一旦創立了公司，經營者為了持續養活家人與員工，不可能只做一筆生意就收攤。因此，他們必須不斷地生產商品。逢年過節時，超市或便利商店總會剩下大量沒賣完的應景商品，就是因為生產與銷售無法停下來的緣故。

原典對照

第7篇〈資本的累積過程〉

第22章〈剩餘價值轉化為資本〉

【沉沒成本（sunk cost）】

在經濟活動中，無法回收投資利益的費用稱為「沉沒成本」。當巨額投資持續進行，即使虧損累積也不願讓先前的投資泡湯的心理作用，往往使資本家或企業難以輕易撤退。超音速客機協和號就

「即使在支配階級當中，現今社會仍經歷著不斷變動的過程。」

資本家也是競爭者

資本家時時刻刻都在競爭，不繼續往前跑就會倒下。

資本主義的「自我運行」

資本主義並非基於某個人的意識而開始的。近代以前的商業，都是單純的再生產。到了十八世紀後半，大量生產的工廠與工資勞動者逐漸增加，資本主義一旦啟動，就會自動運行，誰也無法阻止。**這時發揮決定性功能的，是「勞動力」這個特殊商品的誕生。**脫離農村自給自足的勞動者不再隸屬於土地，除了自己的勞動力之外，沒有其他東西可以出售。

在工業革命的發源地英國，工商業者在競爭的驅使下，發展成近代的產業資本家。其他國家也群起效尤。於是，市場進一步擴大、技術革新與海外擴張等也隨之推進。

是典型的例子——由於噪音過大、可使用的機場受限，最終在無法回收龐大開發費用的情況下，於2003年停飛，總虧損高達數兆日圓。

【資本主義的擴展】

繼英國之後，工業革命也蔓延到法國。1851年發生政變、隔年透過公投而登基的拿破崙三世，推動政府主導建設的大規模工廠及交通網。當時新興的德國及明治維新後的日本也急起直追，致力於產業的培育。

五代姐看起來很辛苦，是因為這個原因嗎？

Kapital
62 資本家利用的工具除了勞動者還有失業者

勞動者越多，資本家的財富就越多

在資本主義持續擴大再生產之下，社會會變成什麼樣子呢？農民和個人經營的工商業者都會變成為資本家工作的勞動者，一端是不斷再生產的資本家，而另一端則是不斷再生產的勞動者。

根據馬克思的說法，資本主義社會中的富人，不單是指擁有大量金錢或財產的人，而是指擁有支配勞動者力量的人。**而所謂的窮人，也不僅是沒有錢的人，而是無法擺脫資本從屬關係的人。**事實上，即使資本家擁有廣大的土地或工廠設備，但若沒有人為他工作的話，資本就無法增值。沒有能作為其手腳的勞動者，資本家就只能自己工作。漫畫中的五代在創業時就是如此。

隨著資本累積，雖然勞動者的工資有所增加，但從屬於資本家的地位並不會改變。因為工資的決定權掌握在資本家手中，就算資本家提高工資，也只會限制在不損害自身利益的範圍內。無法負擔人事成本上升的小資本企業，最終會不敵競爭而被大資本吞併。

原典對照

第7篇〈資本的累積過程〉
第23章〈資本主義累積的一般法則〉

【景氣循環】
景氣會定期重演繁榮與蕭條，尤其是景氣蕭條時，會出現股價暴跌、企業倒閉及失業者大增等情況，造成社會恐慌。景氣循環包括四種波動：由庫存變動引起、約40個月週期的「基欽週期」；由設備投資引起、約10年週期的「朱格拉週期」；由建

「資本的累積是無產階級的增殖。」

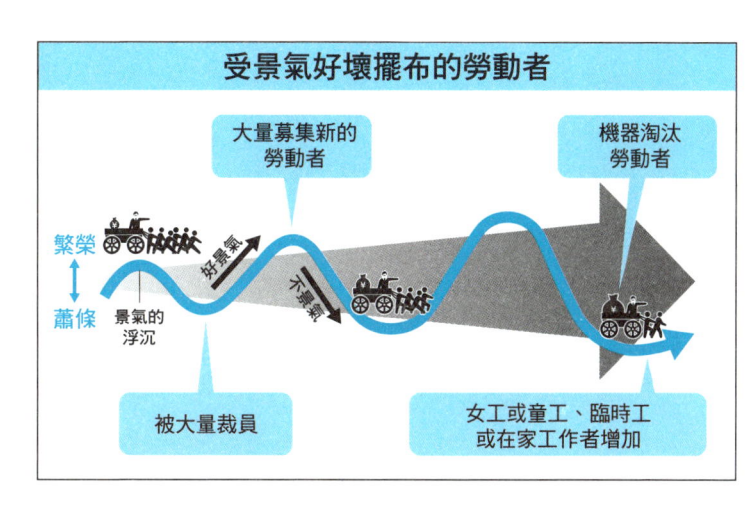

受景氣好壞擺布的勞動者

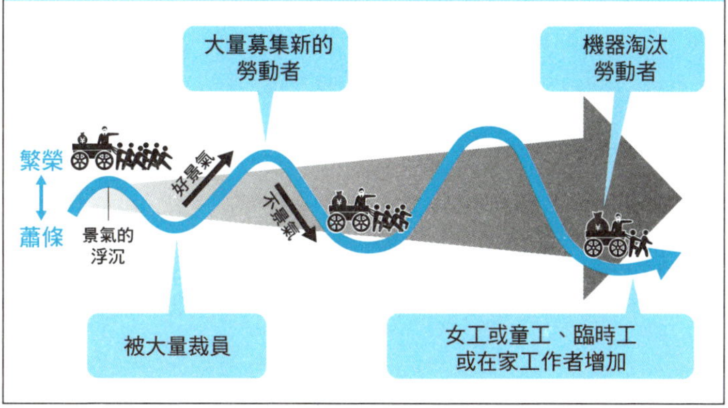
大量募集新的勞動者
機器淘汰勞動者
繁榮
蕭條
景氣的浮沉
好景氣
不景氣
被大量裁員
女工或童工、臨時工或在家工作者增加

資本家也會利用失業者

隨著無產階級（沒有生產手段的工資勞動者）的增加，資本也越來越大。但若生產用的機器性能革新，對人力的需求就會減少，當景氣的定期循環迎來蕭條時，就會出現失業者。

資本家希望獲得更便宜的勞動力，因此比起熟練的勞動者，更偏好經驗不多的人；比起男性，更偏好女性；比起成年人，更偏好年輕人。**雖然有些失業者會被吸收到新的產業領域，但大量的失業者，也會成為理所當然要降低工資的壓力。**因此，資本家不願見到正式員工、非正式員工與失業者團結起來，於是便散播「正式員工是特權階級」這類說法，企圖分化勞動者。

設需求變動引起、約20年的「庫茲涅茨週期」；由技術革新引起、約50年週期的「康波週期」。

【勞動密集型產業／資本密集型產業】

農業或服務業等仰賴人力、平均每位勞動者的設備投資額較低的產業，稱為勞動密集型產業。而鋼鐵、重工業等使用大規模生產設備、平均每位勞動者的設備投資額較高的產業，則稱為資本密集型產業。

是我在支配翔子嗎？

Kapital 63

資本家自己也會被更大的資本家掠奪

技術提升，人力的比例就會減少

在資本主義之下，資本家時時刻刻都在競爭。對資本家來說，利益最大化的重要手段之一，就是透過機械化來刪減人事費。

馬克思將資本的內涵分為：從價值面看的「價值結構」，以及從具體素材看的「技術性結構」兩種。其中，價值結構又分為「不變資本」（即設備或原料等），以及由勞動者的人事費所構成的「可變資本」；技術性結構則有工廠設備等生產手段，與活生生的勞動力兩種。

資本中的價值結構和技術性結構並沒有一定的比例，而是會隨著勞動者的總數或技術革新變化。在進入工業革命時期前的十八世紀初，不變資本與可變資本的比例大致各半。但到了十九世紀後半，可變資本的比例已降至八分之一，可見隨著時代發展，機械化也在持續推進。不變資本的比例增加，可變資本就會減少，這是生產結構從「量到質」的改變——**只要引進新的機器設備，提升生產效率，就沒有必要再雇用大量的勞動者了。**

原典對照

第7篇《資本的累積過程》
第23章《資本主義累積的一般法則》

【壟斷資本】

將其他企業一個個吸收合併，成長為足以控制市場的巨大企業，稱為壟斷資本。巨大的壟斷企業在政治上的影響力也相當大，若沒有與之抗衡的競爭對手，甚至可以單方面決定商品價格。

壟斷的型態包括：同業種諸企業為控制市場而結

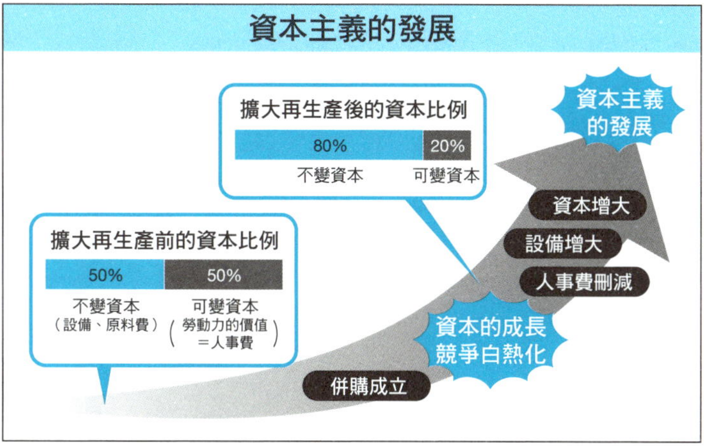
資本主義的發展
擴大再生產後的資本比例
80%
20%
不變資本
可變資本
資本主義的發展
資本增大
設備增大
人事費刪減
擴大再生產前的資本比例
50%
50%
不變資本
（設備、原料費）
可變資本
（勞動力的價值＝人事費）
資本的成長
競爭白熱化
併購成立

小資本一個個被大資本併吞

假設morpho使用的工業用縫紉機一天能製作五件衣服，若換成一天能製作十件的新機種，那麼只要一半的人力就能達成相同產量。如此一來，五代就可以將雇用的人數減半。大企業有能力引進昂貴且高性能的設備，因此即使不仰賴人力，也能用更低的價格生產商品。

另一方面，**在競爭中落敗的公司會被大企業併吞，市場便會朝由大企業主導的寡占（由少數者占有）或壟斷發展。**1990年代曾有許多個人經營的錄影帶出租店，但後來陸續被大型連鎖店吞噬。而這些連鎖店如今也被那些以更划算便利的方式、提供影像內容的串流平台取代。

合的信託，以及不同產業結合成壟斷企業的財閥。日本在戰後施行《獨占禁止法》以限制企業的資本過度集中。

現代的IT產業中，GAFA（搜尋引擎的Google／Alphabet、網路購物的亞馬遜、社群網站的Facebook／Meta、智慧型手機的Apple）在市場上擁有壟斷地位，但也因大量個人資料的管理問題而備受爭議。

「累積在某些方面（略），是資本家對資本家的掠奪，多數的小資本轉化成少數的大資本。」

我已經不知道自己到底是為誰工作了……

Kapital 64

資本家開枝散葉的同時 窮人卻越來越多

原典對照

第7篇〈資本的累積過程〉

第23章〈資本主義累積的一般法則〉

勞動市場的過剩人口是資本家的籌碼

工業革命時期，先進國家因為農業生產力提升及醫療的進步，人口迅速增加。光是在十九世紀前半，英國的人口就幾乎翻倍。這些人許多都成為流入都市的勞動力。

在資本主義社會中，隨著技術革新及景氣變化，每隔一段時間就會出現失業者。馬克思將勞動市場上的過剩人口分類如下：

- 流動過剩人口：短期內單次雇用的未成年零工勞動者。
- 潛在過剩人口：從農村流入都市的工廠工人預備軍。
- 停滯過剩人口：取代有工作者、屈就低薪的勞動者。
- 被救護貧民：年老、技能落伍、身體不好的傷病者。
- 流氓無產階級：沒有工作意願、對社會無用的流浪者或犯罪者。

資本家除了在景氣好轉、急需人手或新產業需求出現時會利用這些過剩人口，也會利用他們作為壓制現有勞動者欲調整工資的壓力。

【人口紅利期】

指生產年齡人口（15～64歲）是其他年齡層兩倍，例如工業革命時期的英國。隨著產業發展，許多國家從「多產多死」逐漸轉變為「多產少子」、「少產少死」的狀態。

【相對貧困率】

日本自2000年起，

社會富裕了，但貧困階層卻仍在增加

馬克思徹底調查了十九世紀英國的經濟統計，詳細記錄了當時勞動者的生活環境有多惡劣。從1853到1861年，英國有產階級的所得增加了20%，**但被英格蘭及威爾斯官方認定的被救護貧民的人數，從1855年的85萬人，增加到1864年的約108萬人。**據工業都市曼徹斯特的衛生官員所言，當時有產階級的平均壽命為三十八歲，而勞動者階級竟僅為十七歲。在利物浦，前者為三十五歲，後者為十五歲。即便勞動者早逝，也馬上有人會替補他的位置。

英國自十六世紀以來，就有政府對貧困階級提供最低限度救濟的救貧院制度。聚集在救貧院裡的勞動者們，為了自尊，都表示「自己少吃一點也能工作」。而這種態度正是資本家希望看到的——自願在惡劣條件下工作的人。

到了二十一世紀，這種現象仍未改變。即便社會整體變得更富裕，所得遠低於平均生活水準的相對貧困階層仍不在少數。他們的孩子無法接受充分教育，與父母一樣無法擺脫貧困，只能不斷地與同樣處境的人爭奪那些隨時可能被解雇的兼職或派遣工作。

> 「在資本主義體制內部，爲了提高勞動的社會生產力，所有方法都是以犧牲個別勞動者爲代價實行的。」

低於平均生活水準的相對貧困率一直徘徊在15%左右。2019年的所得中位數為437萬圓，但收入低於200萬圓以下的家庭約占20%。

【就業冰河期世代】

1990年代日本泡沫經濟崩潰後，開始就業的1970年代出生者約有1870萬人，因而成為勞動市場的過剩人口，導致許多人無法成為正式員工。

morpho 越來越大，改變什麼了嗎？

創業第十五年
社長，設計部已經完成下一季的新作品，稍後要請您確認一下……
嗯，我知道了。
還有，實體門市的業績持續下滑，
但網路商店的銷售數字非常好！
比起直接到門市消費，消費者似乎更喜歡在網路上購買……
是啊……
接下來我們會更努力……
……五代姐！

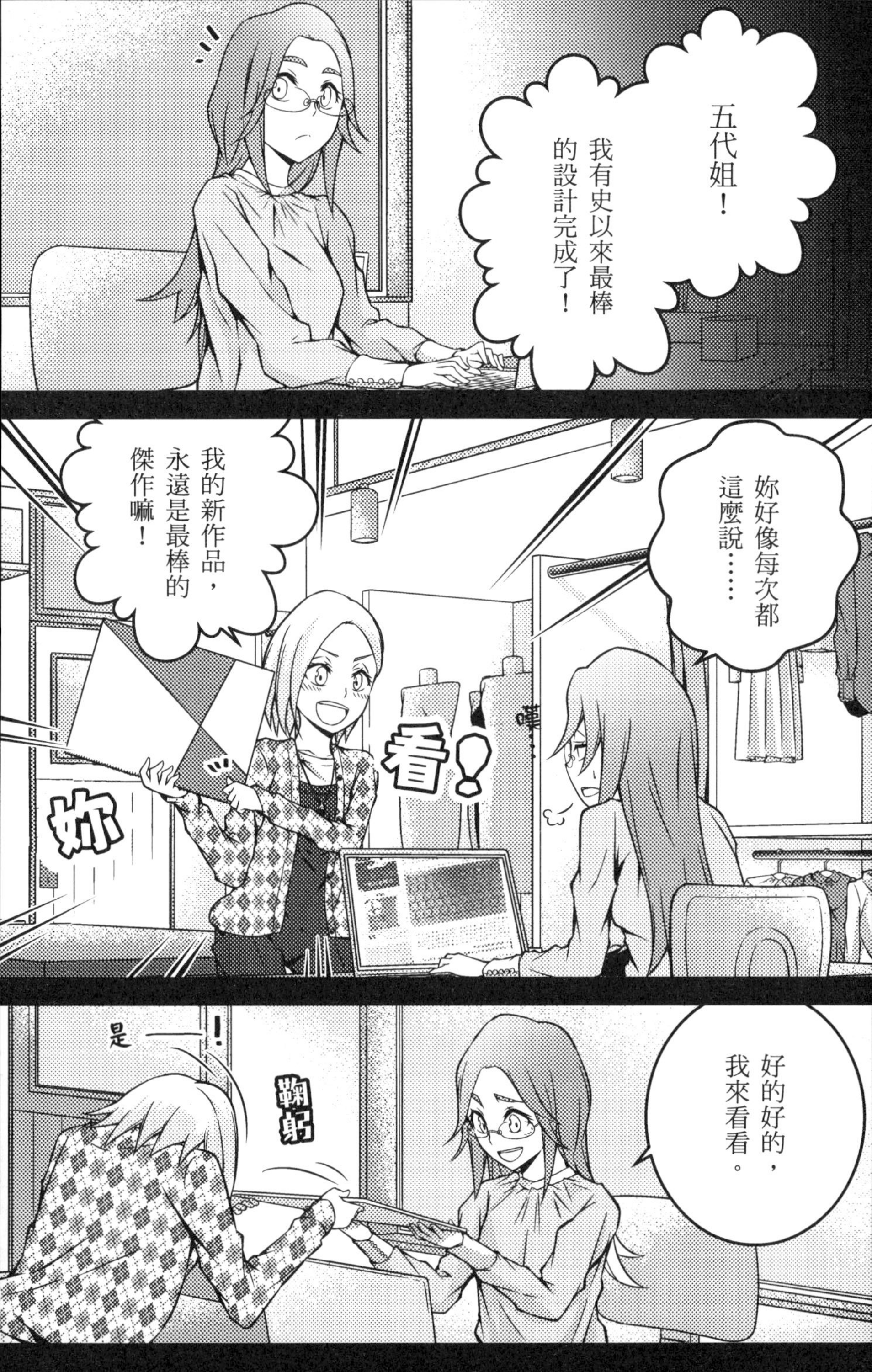
五代姐！
我有史以來最棒的設計完成了！
妳好像每次都這麼說……
我的新作品，永遠是最棒的傑作嘛！
看！
妳
嘆
好的好的，我來看看。
是——！
鞠躬

妳這個……
果然又是這麼複雜的設計……
喂，拜託……
妳也要考慮我一下，我要把這個做出來……很辛苦耶！
但是，
看起來很棒對吧？
嘻嘻♪
……對啦。
這的確是很棒的設計！
耶
……社長
……社長？
OP
mor pho.

社長——
您怎麼了？還好嗎？
啊啊！不好意思！
沒什麼啦。
真的嗎？
您要不要先休息一下……
謝謝妳。
妳說得對，下個月我應該會安排連休的時間。
嗯嗯，
我也覺得這樣比較好。
認真

我要報告的事說完了。
呃——還有……
緊張
聽說左右田小姐創業了……
嗯嗯，我記得以前曾聽她說過。
那我們要不要向她祝賀？
對耶，妳幫我訂一個花籃好嗎？
好的！左右田小姐一定會很高興的。
那我就先告辭了！

開機
叮
靜…
以前單純做著衣服的時候，實在很開心……
那時的確吃了很多苦，但卻過得很充實。
現在……
開不開心已經無關緊要了。
我必須好好帶領這些員工才行……

……好！
電話鈴聲
接起
喂——
社長，「uni noir」的本鄉小姐來電找您……
小翠……？
請接過來。
好的！
怎麼了小翠？
妳怎麼不打我的手機……
我這次不是以朋友身分，
而是以「uni noir」員工的身分連絡妳……

我代表「uni noir」向五代社長轉達一件事。
……什麼事啊？
我們想跟您談併購！
……是
……是
好的！
……嗯，再見。
掛上……
要收購我們公司嗎……
因為相信自己的理想，
我才一路走到今天……
坐下
翔子——
我明明只是想做出理想的衣服而已啊……

Kapital

65 失控的資本主義與貧富懸殊的警鐘

資本家也會因為相互吞噬而自我毀滅

看到這裡，我們應該要思考：資本主義再繼續發展下去，未來會變成什麼樣子？小資本被大資本吸收，企業被淘汰，在競爭中敗退的資本家最終會像勞動者那樣，轉為被利用的那一方。漫畫中的五代，最後不得不面對morpho要被收購的問題。但即便像uninoir這樣的大資本企業，也可能會被更大的資本吞併。馬克思認為，資本家也會被其他資本家掠奪，在互相吞噬的過程中走向毀滅。

資本主義社會否定人們擁有自己所生產之物的私有形態。就算左右田一天的勞動能生產出一件2萬9800圓的衣服，但她一天的工資卻買不起那件衣服，某種意義上這是十分荒謬的事。馬克思預言，這樣的狀況若發展至極限，反而會出現「否定的否定」。也就是說，**社會的財富不再是誰的私有物，一個共享的社會即將到來。**事實上，在中世紀的村落共同體中，既是生產手段也是財富的土地與自然資源，原本就是人們的共同財產——馬克思正是根據這個形象，構思出共產主義社會。

原典對照

第7篇《資本的累積過程》

第24章《所謂的原始累積》

【社會進化論】

以「適者生存」的生物進化論，來正當化經濟上的自由競爭。實際上的生物進化，並非僅僅是強者勝出，還必須具有能適應環境的多樣性。

【r＞g】

法國經濟學家皮凱提在《二十一世紀資本論》

社會分化會擴大，但也會持續修正

馬克思的預言是否正確，至今還沒有答案。第二次世界大戰後，包括日本在內的許多國家，皆採取所得再分配或充實社會保障的「修正資本主義」，中產階級因此而增加，這對貧富差距有一定程度的改善。

但到了二十一世紀前後，隨著肯定自由競爭的新自由主義，以及與實體經濟（有形商品與服務的交換）無關、反覆進行股票與證券交易的貨幣經濟擴張，財富漸漸集中到擁有金融資產的資本家手中。根據２０２１年12月的《日本經濟新聞》報導，全球僅占１％的超富裕階層，其資產竟占全球個人資產總額的37％以上。

在貧富差距日益擴大的同時，馬克思所主張的「財富共有」也正以嶄新的形式逐漸展開。許多大企業紛紛引進員工認股制度，讓員工能以低價買進自家公司的股票，某種程度上可說是由員工共同持有資本。此外，為節省房租的共有住居合租、會員制共享汽車等服務也逐漸普及。可在網路上免費使用的雲端服務或免費軟體，以及類似空中大學的教育／學術公開課程，也都可視為是一種公共財。

「宣告資本主義私有制終結的鐘聲響起。掠奪者被掠奪。」

中，透過「r＞g」這個不等式來說明貧富差距的成因。「r」是資本收益率，「g」則代表經濟成長率——擁有資本的人透過資產配置所獲得的收入，其成長速度始終高於隨著整體經濟成長而提升工資的勞動者所得。

這個趨勢從十八世紀以來幾乎未曾改變。而在富裕階層中，父母會把資本傳承給子女，並持續增長。

我們的時代跟馬克思的時代相比，好像沒有什麼改變。

後記

資本主義的未來會發生什麼事？

大家讀完這本書，有什麼感想呢？相信你已經理解《資本論》第1卷的要點了。《資本論》至今仍是一部能有效理解資本主義樣貌的工具書。

然而，現代的資本主義，與十九世紀馬克思生活的時代有所不同。《資本論》自出版以來已超過一百五十年，資本主義的內容也有很大的變化。所以我必須再稍微介紹一下當前的資本主義。

從帝國資本主義到二十世紀的資本主義

馬克思的時代，是自由資本主義時代結束、轉變為尋求海外殖民地的帝國資本主義時代。過去以產業為中心的資本主義，變成以金融為中心的資本主義。因此，《資本論》並未充分討論到西歐資本主義的殖民地支配問題，或是如股份公司制度那樣的信用制度問題。

對於這些狀況的變化，先後有列寧的《帝國主義論》（1917年），希法亭的《金融資本論》（1910年），補充了不足的部分。但在1929年的經濟大恐慌之後，凱因斯主張國家應積極介入經濟的政策，使得資本主義有了巨大的轉變。

特別是第二次世界大戰後的資本主義，與過去大不相同。首先是國家開始採取社會主義的計畫經濟。資本主義經濟最大的問題在於消費與生產的失衡，國家介入調節才得以解決。過去資本主義所遭遇的經濟問題也變得不容易發生。

資本主義經濟的特徵是，為了謀求利益，資本家必須不斷開發新市場及新商品。為此，資本主義社會發明了各種東西，然後又捨棄之、再發明新的東西，如此周而復始，結果確實為資本主義社會帶來了繁榮，但另一方面卻也造成無謂的浪費，導致地球資源的枯竭與污染。

西歐的資本主義先進國，為尋求市場，在亞洲、非洲建立殖民地，累積了龐大的資產。但二戰之後，原本的殖民地紛紛獨立，無法再像過去那樣赤裸裸地剝削，這些國家轉而融入西歐各國的產業。從只提供原料的國家轉變成向西歐各國購買商品的國家。

冷戰結束後，經濟差距逐漸擴大

另一方面，１９９０年代進入了全球化資本主義時代。資本主義遍布全世界，過去先進國家內部的工廠轉移到工資低廉的後進國家，製造更廉價的商品，又開始賺取龐大利益。諷刺的是，當工廠開始在後進地區設立後，技術也逐漸向這些地區轉移。

亞洲及非洲各國因此帶動了經濟成長，逐漸擺脫了過去受西歐資本主義支配的狀態。當然，這些國家的企業多數仍是西歐企業，雖然利潤不會留在當地，但還是為當地帶來了經濟成長與繁榮。

這個結果，出現了過去難以想像的情況。統計學家米蘭諾維奇以「大象曲線」來說明此現象——該曲線指出了後進諸國的中產階級所得增加、先進國家的中產階級所得下降的現象。法國的皮凱提也提出中產階級的解體是指「所得差距」，而這種差距來自勞動所得與資本所得的區分。也就是說，先進國家的中產階級正走向兩極化與衰退，財產逐漸集中到少數人手中，而貧窮階級則逐漸增加。

全球經濟催生出巨大的跨國企業。營收超過各國國家財政收入的跨國企業，在全球市場中賺取利潤。而這些企業更與國家結合，日益龐大。就在此時，發生了雷曼兄弟倒閉事件。

特權階級實行寡占統治的今天

雷曼兄弟事件破壞了戰後經濟不會發生恐慌的特徵，這代表若沒有規範限制，資本主義仍會招致恐慌。為了促進跨國企業的發展，各國取消了各種規定，原本用來防止恐慌的措施，不知不覺地被廢除，最後以出乎意料的形式，爆發了像雷曼兄弟事件那樣的信用恐慌。

時至今日，只剩下少數跨國企業的擁有者存活下來，為了生存，國家動用政治力支持他們，這樣的經濟形態就是先進國家資本主義經濟的現狀。更明確地說，是少數寡占性企業掌握生產主導權，只有這些企業的股票會上漲，而圍繞著他們的政治家、官僚則形成少數特權集團，構築出一種寡占支配（Oligarchy）的體制。

若馬克思仍在世，他必定會將這些問題作為研究對象。如果現在要撰寫一本新的《資本論》，那麼它將會探討：演變為此形態的跨國企業問題、超越國家的自由市場問題、集中全球資本的股市問題，以及政治與經濟勾結的問題等。

這樣的資本主義究竟能存續到什麼時候？值得大家深入思考。如今，在這些問題上，還附加了地球環境惡化、地球資源與市場極限等問題，資本主義的未來已不能再說是人類社會的未來。若不設法修正資本主義，地球終將毀滅。而資本主義之後還會發生什麼問題，也是一大隱憂。馬克思曾以共產主義的形式思考未來，如今我們又該如何思考未來呢？希望大家讀完這本書後，也能一起思考今後的社會該何去何從。

神奈川大學教授
的場昭弘

漫畫資本論

找到工作、競爭與階級翻轉的答案
マンガでわかる資本論

監　　修　的場昭弘
繪　　者　ユリガオカ・サイドランチ
譯　　者　蔡昭儀
主　　編　郭峰吾

總 編 輯　李映慧
執 行 長　陳旭華（steve@bookrep.com.tw）

出　　版　大牌出版／遠足文化事業股份有限公司
發　　行　遠足文化事業股份有限公司（讀書共和國出版集團）
地　　址　23141新北市新店區民權路108-2號9樓
電　　話　+886- 2- 2218 1417
郵撥帳號　19504465遠足文化事業股份有限公司

封面設計　FE設計 葉馥儀
排　　版　藍天圖物宣字社
印　　製　博創印藝文化事業有限公司
法律顧問　華洋法律事務所 蘇文生律師

定　　價　450元
初　　版　2025年5月

電子書EISBN
978-626-7600-61-0（EPUB）／978-626-7600-60-3（PDF）

Supervised by Akihiro MATOBA
Manga by Yurigaoka, SideRanch
Interior design by TYPEFACE
First published in Japan in 2022 by IKEDA Publishing Co.,Ltd.
Traditional Chinese translation rights arranged with PHP Institute, Inc.
through AMANN CO,. LTD.

●編輯協力｜藪内健史、遠藤昭徳（株式会社クリエイテイブ・スイート）●插圖製作｜小河原徳、大槻亜衣（株式会社クリエイテイブ・スイート）●執筆｜佐藤賢二、真代屋秀晃、石津智章

國家圖書館出版品預行編目（CIP）資料

漫畫 資本論 / 的場昭弘 監修；蔡昭儀 譯 . -- 初版 . -- 新北市：大牌出版 , 遠足文化事業股份有限公司 , 2025.5
224 面；14.8×21 公分
譯自：マンガでわかる資本論

ISBN 978-626-7600-62-7（平裝）
1. 資本論 2. 馬克斯主義 3. 漫畫

550.1862　　114003536

参考文獻

エンゲルス 編、向坂逸郎 譯『マルクス 資本論』（岩波書店）

的場昭弘 著『超訳「資本論」』（祥伝社）

的場昭弘 著『マルクスだったらこう考える』（光文社）

『現代思想 1975年12月臨時増刊号 総特集＝資本論』（青土社）

鈴木鴻一郎 責任編集『世界の名著マルクスエンゲルス I』（中央公論社）

マイケル·ウェイン著、チェ · スンギョン畫、鈴木直 監譯、長谷澪 譯『BEGINNERS「資本論」』（筑摩書房）

伊藤誠 著『「資本論」を読む』（講談社）

デヴィッド · ハーヴェイ 著、森田成也 · 中村好孝 譯『〈資本論〉入門』（作品社）

※ 本書所刊載的《資本論》引文，皆出自向坂逸郎譯 · 岩波文庫版。